LEONARDO BARRETO

CRIME E CIDADE

"CHACINA DAS CAJAZEIRAS"
DIREITOS HUMANOS E INVESTIGAÇÃO POLICIAL

1ª edição, Fortaleza, 2020

Copyright@2020 CeNE
Texto: Leonardo Barreto

Edição
Edmilson Alves Júnior
Igor Alves
Irenice Martins

Preparação de Originais e Coordenação Geral
Jordana Carneiro

Revisão
Carla Freitas
Rebecca Cunha

Redação Auxiliar
Carla Freitas

Fotografias de Capa
Claudio Marques

Projeto Gráfico e Diagramação
Diego Barros

Edição Conforme o Novo Acordo Ortográfico da Língua Portuguesa
Dados Internacionais de Catalogação na Publicação (CIP)

Barreto, Leonardo D'Almeida Couto.
Crime e cidade: "Chacina das Cajazeiras", Direitos Humanos e investigação policial/ Leonardo D'Almeida Couto Barreto - Fortaleza: CeNE, 2019
160p.; il. P&B. 15x22cm.
ISBN: 978-85-68941-31-7
  1. Crime. 2. Investigação Policial. 3. Crime Organizado. 4. Direitos Humanos. 5. Literatura. I. Título.
                       CDD 364

Dados Internacionais de Catalogação na Publicação
Rafaela Pereira de Carvalho CRB - 1506

Av. Santos Dumont, 1343 - Loja 4 - Centro
Fortaleza - CE - CEP 60.150.161
www.editoracene.com.br / (85) 2181.6610

SUMÁRIO

Prefácio 6

Apresentação 9

Introdução 10

A chacina 12

As Vítimas e os Direitos Humanos 16

As Investigações Policiais 32

O Departamento de Homicídios e Proteção à Pessoa
DHPP da Polícia Civil do Ceará 51

Os Perfis dos Crimes violentos letais intencionais (CVLIs) 67

As Organizações Criminosas no Brasil 80

A Responsabilização Penal da Cúpula das
Organizações Criminosas 96

Teorias Criminológicas. De Nova Iorque a Chicago. 113

A Virada do Jogo na Segurança Pública do Ceará 140

Considerações Finais 147

Agradecimentos 149

Bibliografia 150

PREFÁCIO

A obra do Delegado e Professor Leonardo Barreto, intitulada Crime e Cidade: "Chacina das Cajazeiras", Direitos Humanos e Investigação Policial, que ora tenho a honra de prefaciar, tem como base a sua dissertação do Curso de Mestrado Profissional em Planejamento e Políticas Públicas do Centro de Estudos Sociais Aplicados da Universidade Estadual do Ceará (UECE).

Ao longo de uma percuciente análise da maior chacina da história do Estado do Ceará, diferentes teorias criminológicas são analisadas pelo autor, com o propósito de identificar os pontos de interseção entre o episódio e a criminologia. A investigação dos motivos determinantes de um crime não deixa de constituir um dos mais relevantes desafios da Polícia Judiciária. Por sinal, tão importante quanto a atuação para desvendar autorias de delitos, a Instituição pode contribuir com pesquisas que possam auxiliar na identificação da dinâmica de infrações graves como são os delitos contra a vida, em contextos complexos como as chacinas.

O autor analisa a "Chacina das Cajazeiras" com muita propriedade e conhecimento de causa, porque atuou diretamente no caso como Delegado de Polícia. Não apenas isso, Leonardo Barreto conhece profundamente o crime de homicídio e os seus labirintos. Sua visão é ampla e traz ao público uma contribuição ímpar e original do contexto em torno de uma imensa quantidade de assassinatos que levaram a cidade de Fortaleza a ser considerada uma das mais violentas do Brasil.

No decorrer da obra, o autor deixa claro que as soluções não são simples, muito menos imediatistas; e, nesse ponto, distancia-se das ideias baseadas no populismo penal irracional. Estas soluções partem de reflexões críticas com forte base empírica. Afinal, em razão da sua vasta experiência profissional, o autor conhece campos de vulnerabilidade e os círculos de criminalidade nos quais vítimas e criminosos estão inseridos como poucos teriam essa possibilidade.

Crime e Cidade: "Chacina das Cajazeiras", Direitos Humanos e Investigação Policial não é um apanhado de teorias criminológicas e muito menos uma obra dogmática de Direito Penal. O autor analisa os criminosos, as vítimas e o contexto completo dessas "ilhas de violência", espaços de facções criminosas. Não há simplificações ou reducionismos na obra, muito menos receio de expor as mazelas que circundam e marcam a vida das pessoas.

As reflexões de Leonardo Barreto são instigantes. A análise crítica sobre a segurança pública merece ser lida e relida por todos aqueles que possuem a visão distorcida de que a Polícia deve resolver todos os problemas, assim como seria responsável por toda a situação de violência e de criminalidade que afligem as pessoas. É preciso evoluir para compreender o papel de todos os protagonistas da segurança pública no Brasil e os desafios respectivos de cada um. Nada de soluções meramente simbólicas, nada de reducionismos, ou de discursos maniqueístas por interesses políticos.

O desafio levantado pelo autor em diversos momentos da obra é superar estes círculos de criminalidade e não se restringir a buscar medidas emergenciais quando o caos se aproxima.

O autor detalha a atuação do Departamento de Homicídios e Proteção à Pessoa (**DHPP**) da Polícia Civil do Ceará. Situa e discorre sobre todo o histórico das investigações da "Chacina das Cajazeiras", compartilhando com o leitor os diversos momentos da atuação exitosa da Polícia Judiciária no caso. É interessante conhecer a sua estrutura e as suas relevantíssimas missões especializadas. Em especial, o autor destaca o perfil constitucional da Polícia Judiciária ao ressaltar que a investigação não tem o propósito de encontrar um culpado a qualquer custo; ao contrário, as técnicas e os métodos de investigação devem ser adotadas e utilizadas em prol de uma investigação justa. Nas palavras do autor, "é sempre uma obrigação de meio e não de resultado."

O autor estabelece o perfil das facções criminosas envolvidas, com destaque para a riqueza de detalhes levantados da organização criminosa denominada "Guardiões do Estado" (**GDE**), causadora da "Chacina das Cajazeiras". São informações relevantes para compreender a origem da facção criminosa, sua organização e forma de tomada de decisões. O imenso volume de dados levantados leva claramente à identificação de uma estrutura com hierarquia e divisão de tarefas. Nesse ponto, o autor discorre sobre a teoria do domínio da organização e responsabilização criminal da cúpula das organizações criminosas, não se omitindo quanto ao instigante debate garantismo penal integral versus garantismo hiperbólico monocular.

É interessante observar como o autor interliga o perfil dos criminosos e das vítimas. Muito poucos merecem a reflexão crítica da Criminologia. Destaca correlação entre o crescimento urbano desorganizado das cidades e a criminalidade, abordando as concepções da teoria das janelas quebradas e da Escola de Chicago, sempre com o propósito de instigar o leitor a pensar sobre os motivos determinantes da criminalidade. Observa ainda a ausência de políticas públicas efetivas, descortinando imperfeições do Estado com claro reflexo na conjuntura da violência e da criminalidade.

Com o cuidado de deixar claro não existir solução mágica a curto prazo, o autor apresenta algumas bases da política de segurança pública do Estado do Ceará e a sua eficiência na redução das taxas de criminalidade, especialmente quanto aos **crimes violentos letais intencionais**. Apresenta para o leitor os principais fatores para esta diminuição dos índices de criminalidade, destacando o investimento, em efetivo, na gestão e no uso da tecnologia com inteligência policial.

Enfim, Crime e Cidade: "Chacina das Cajazeiras", Direitos Humanos e Investigação Policial é uma obra profunda sobre violência, criminalidade e suas causas, reflexiva, crítica e instigante. Evidencia dramas complexos e angustiantes como o da "Chacina das Cajazeiras". Ao mesmo tempo, mostra como é possível ter esperança e "virar o jogo" quando há interesse e compromisso, união de forças e investimento. O desafio é sair das "ilhas" do conformismo e lutar pela vida de todas as pessoas, muitas das quais invisíveis, em condições sofríveis e indignas de se viver.

Emerson Castelo Branco
Defensor Público, Escritor e Professor

APRESENTAÇÃO

Aqui, não estamos diante simplesmente de mais um livro que se propõe a estudar temas relacionados à segurança pública, em especial aos **crimes violentos letais intencionais**. A obra Crime e Cidade: "Chacina das Cajazeiras", Direitos Humanos e Investigação Policial, de autoria do Delegado de Polícia Civil Leonardo D'Almeida Couto Barreto, é fruto de seu trabalho de dissertação no Curso de Mestrado Profissional em Planejamento e Políticas Públicas da Universidade Estadual do Ceará. O escopo da obra é promover, de forma extremamente técnica, porém com palavras francas e linguagem direta, um estudo sistêmico dos impactos causados pelos homicídios no cotidiano da sociedade, suas causas, perfis das vítimas e dos autores, as influências das disputas por territórios das facções e as políticas públicas implantadas no estado para prevenir, obstruir e neutralizar as ações criminosas que redundaram na expressiva redução dos índices de homicídios no Ceará. O *case* escolhido pelo autor como tema central da obra, foi um fato de bastante repercussão no estado do Ceará, que ficou internacionalmente conhecido como "Chacina das Cajazeiras" – homicídio com multiplicidade de vítimas fatais, num total de 14, motivado por disputa territorial entre duas facções –uma cearense e outra oriunda do Rio de Janeiro com célula estabelecida em terras alencarinas. Ao final da leitura de cada capítulo, o leitor alcançará a compreensão do profundo conhecimento do autor na temática estudada, não somente por sua formação acadêmica, mas, principalmente, pela expertise adquirida como Diretor do Departamento de Homicídios e Proteção à Pessoa – **DHPP**, da Polícia Civil do Estado do Ceará.

Marcus Vinicius Sabóia Rattacaso
Delegado Geral da Polícia Civil do Ceará

INTRODUÇÃO

A presente obra tem como objetivo estudar os impactos no tecido social provocados pelo fenômeno da criminalidade no País, sobretudo relacionado aos **crimes violentos letais intencionais** (homicídios, feminicídios, latrocínios e lesões corporais seguidas de morte), buscando traçar, a partir de dados estatísticos e, principalmente, de um caso concreto emblemático – a "Chacina das Cajazeiras", maior massacre ocorrido no estado do Ceará –, perfis das vítimas e dos infratores, bem como sugerir diagnósticos acerca das principais políticas públicas que podem ter influências substanciais na redução dos índices de criminalidade.

Destaca-se a importância das atividades da polícia judiciária realizadas notadamente pelo Departamento de Homicídios e Proteção à Pessoa da Polícia Civil do Ceará, apresentando-se sua estrutura orgânica, fluxograma de investigação e sua atuação específica na investigação policial procedida em torno da "Chacina das Cajazeiras". Abre-se espaço também para tratar, guardadas as devidas compartimentações de informações sensíveis, acerca dos princípios gerais fundamentais e métodos de investigação policial, sobretudo relacionada à crimes de homicídio.

A obra propõe, ainda, expor a gênese e as principais características das organizações criminosas, apresentando, de modo mais detalhado, o perfil da facção criminosa que protagonizou a "Chacina das Cajazeiras".

Como proposta de realinhamento do direito pátrio ao garantismo penal integral, com base na teoria do domínio da organização criminosa, discute-se uma punição mais contundente e efetiva notadamente aos integrantes da cúpula dessas organizações criminosas, responsáveis por atrocidades inimagináveis.

Com a análise crítica de teorias, como a das janelas quebradas, a adoção da política da tolerância zero em Nova Iorque e os ensinamentos provenientes da Escola de Chicago, busca-se entender a correlação existente entre o crescimento desordenado das cidades – inchaço populacional, degradação ambiental e ausência de controles sociais informais – com o recrudescimento do crime, mormente nos aglomerados subnormais dos grandes centros urbanos.

Por fim, destaca-se as principais políticas de segurança pública implementadas, nos últimos anos, no estado do Ceará, via Secretaria da Segurança Pública e demais vinculadas, que têm proporcionado, na luta contra o crime, resultados comprovadamente positivos.

A CHACINA

Um caso emblemático dentro do cenário de **crimes violentos letais intencionais (CVLIs)**, ocorridos em Fortaleza/CE, foi a "Chacina das Cajazeiras", sendo a maior registrada no estado do Ceará, superado, inclusive, carnificinas que ficaram conhecidas nacionalmente, como a da Candelária, com oito vítimas.

O fato ocorreu no dia 27 de janeiro de 2018, por volta de 00h30min, num estabelecimento conhecido como "Forró do Gago", localizado na rua Madre Teresa de Calcutá, no bairro Cajazeiras, em Fortaleza/CE. No triste episódio, quatorze pessoas morreram e quinze foram lesionadas, um verdadeiro cenário de guerra.

Constatou-se que a média de idade das vítimas fatais era de 29 anos. Já em relação aos infratores presos e apreendidos, essa média caía para 19 anos.

Como diferente não se poderia esperar, diante de um evento criminoso de gigantescas proporções como a "Chacina das Cajazeiras", houve ampla repercussão do fato em nível nacional e internacional. Órgãos de imprensa do Brasil e do mundo, assim como organizações não governamentais, imediatamente se manifestaram acerca deste lamentável episódio.

Horas após o ocorrido, jornais de diversos países, como o espanhol El País, o americano The New York Times, o britânico The Guardian, o português Diário da Notícia e o maior jornal em circulação na Argentina, o El Clarin, noticiaram o fato dando destaque a questões do tipo: demora nos julgamentos pela justiça brasileira em casos semelhantes; faixa etária dos assassinados, em sua grande maioria jovens; crise de (in)segurança vivenciada pelo Brasil e forte ligação dos assassinatos no País com o tráfico ilícito de entorpecentes.

O jornal CNN destacou que a chacina ocorreu na "popular cidade turística de Fortaleza". O jornal britânico The Independent também fez matéria sobre o caso ressaltando que "[...] muitas das pessoas assassinadas não tinham envolvimento com o crime organizado e eram inocentes".

A "Chacina das Cajazeiras" provocou reações também da Anistia Internacional. Houve o lançamento de uma ação *on-line* para pressionar o Governo do Estado do Ceará a dar celeridade às investigações em torno do fato. O grupo exigiu que o caso fosse investigado de maneira célere, com imparcialidade e minúcia, levando efetivamente à responsabilização criminal dos culpados. A anistia pediu ainda que as autoridades tomassem todas as medidas adequadas para garantir uma assistência efetiva às famílias das vítimas, incluindo apoio psicológico e jurídico, além de proteção às testemunhas para impedir qualquer tipo de intimidação ou ameaças.

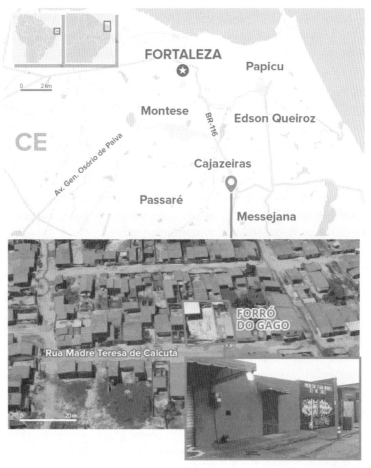

Local em que a "Chacina das Cajazeiras" ocorreu. Foto: Karina Almeida/G1

Cidade: Bairro das Cajazeiras

Cajazeiras é um bairro pertencente ao município de Fortaleza em que se localiza a sede da Polícia Rodoviária Federal, a capelinha do Rosário de Fátima, a pracinha, a avenida Deputado Paulino Rocha, a vista do estádio Castelão, a igreja de São Diogo, e a igreja de Confissão Luterana, única da denominação no estado. [...]. Conforme o censo 2010, a população masculina representa 6.821 hab e a população feminina, 7.657 hab. A sua população total é de 14.478.

Crime: Chacina da Candelária

A Chacina da Candelária ocorreu na noite de 23 de julho de 1993, próximo à Igreja da Candelária, localizada no centro da cidade do Rio de Janeiro. Pouco antes da meia-noite, dois Chevettes com placas cobertas pararam em frente à Igreja da Candelária. Em seguida, os ocupantes atiraram contra dezenas de pessoas, a maioria adolescentes, que estavam dormindo nas proximidades da Igreja. Posteriormente, nas investigações, descobriu-se que os autores dos disparos eram milicianos. Como resultado, seis menores e dois maiores morreram e várias crianças e adolescentes ficaram feridos. Um dos sobreviventes da Chacina, Sandro Barbosa do Nascimento, voltou aos noticiários quase sete anos depois, como o autor do sequestro do ônibus 174.

Outra Instituição que também se manifestou em relação à "Chacina das Cajazeiras" foi a Ordem dos Advogados do Brasil **(OAB)**, Seção Ceará. Por meio da sua Comissão de Direito Penitenciário, a **OAB** cogitou ingressar com uma ação civil pública com o escopo de cobrar ações mais efetivas do Estado na área da segurança pública, assim como discutiu também acerca da necessidade de uma intervenção federal.

Apesar dessa intenção, o Governo Federal descartou adotar uma medida emergencial de intervenção, lamentando o ocorrido, mas o considerando como um problema eminentemente de segurança pública, devendo, portanto, ser resolvido na esfera estadual.

Na ocasião, o então ministro da Secretaria de Governo, Carlos Marun, elogiou o trabalho de investigação realizado pela Polícia

Judiciária cearense ratificando que as investigações em torno da chacina de fato deveriam permanecer sob responsabilidade da Polícia Civil do Ceará que, inclusive, naquela oportunidade, já havia identificado os autores das múltiplas execuções e, portanto, estaria respondendo à altura da tragédia.

Anistia Internacional

A Anistia Internacional trata-se de um movimento global que surgiu em 1961 quando o advogado britânico Peter Benenson, indignado ao saber da prisão de dois estudantes portugueses por fazerem um brinde à liberdade,publicou o artigo "Os prisioneiros esquecidos", dando início a uma mobilização pela liberdade dos estudantes, fato este que foi considerado o embrião da Anistia Internacional que hoje se faz presente em mais de 150 países e conta com mais de 7 milhões de apoiadores que realizam ações e campanhas para que os direitos humanos internacionalmente reconhecidos sejam respeitados e protegidos.

AS VÍTIMAS E OS DIREITOS HUMANOS

Diferente da natural abordagem que comumente é feita em episódios como o da "Chacina das Cajazeiras", analisando-se friamente apenas números, as vítimas desse cruel e covarde massacre são listadas nominalmente, fazendo-se, em seguida, uma análise mais detalhada de suas individualidades e respectivas inserções dentro do contexto em que a chacina se deu:

Wesley Brendo Santos Nascimento, 24 anos de idade, com registros criminais (roubo, receptação, posse e porte de arma de fogo), solteiro, eletricista, Ensino Fundamental completo e residia no bairro Siqueira.

Raquel Martins Neves, 22 anos de idade, sem registros criminais, costureira, Ensino Médio completo e residia no bairro Barroso.

José Jefferson de Souza Ferreira, 22 anos de idade, sem registros criminais, estudante, Ensino Fundamental completo e residia no bairro Serrinha.

Luana Ramos Silva, 22 anos de idade, sem registros criminais, do lar, Ensino Fundamental incompleto e residia no bairro Granja Portugal.

Raimundo da Cunha Dias, 48 anos de idade, sem registros criminais, pedreiro, Ensino Fundamental incompleto e residia no bairro Barroso.

Edneuza Pereira de Albuquerque, 38 anos de idade, sem registros criminais, doméstica, Ensino Médio completo e residia no bairro Barroso.

Antônio José Dias de Oliveira, 55 anos de idade, sem registros criminais, marceneiro, Ensino Fundamental completo e residia no bairro Barroso.

Renata Nunes de Sousa, 32 anos de idade, sem registros criminais, desempregada, Ensino Médio completo e residia no bairro Couto Fernandes.

Natanael Abreu da Silva, 25 anos de idade, sem registros criminais, motorista do Uber, Ensino Médio completo e residia no bairro Coaçu.

Antônio Gilson Ribeiro Xavier, 31 anos de idade, com registro criminal (furto), técnico de extintor, Ensino Fundamental completo e residia no bairro Barroso.

Maria Tatiana da Costa, 17 anos de idade, sem registros criminais, estudante, Ensino Fundamental incompleto e residia no bairro Barroso.

Brenda Oliveira de Menezes, 19 anos de idade, sem registros criminais, estudante, Ensino Médio completo e residia no bairro Barroso.

Maira Santos da Silva, 15 anos de idade, sem registros criminais, estudante, Ensino Fundamental incompleto e residia no bairro Cajazeiras.

Marisa Mara Nascimento da Silva, 37 anos de idade, sem registros criminais, autônoma, Ensino Fundamental incompleto e residia no bairro Barroso.

Dos perfis das vítimas descritos, chega-se a algumas conclusões: Primeiramente, a de que a maior parte das vítimas eram jovens, com média de idade de 29 anos, conforme acima já destacado. Fator também que chamou a atenção, até mesmo por fugir à regra geral, foi a circunstância de 8 das 14 vítimas fatais serem do sexo feminino. É, contudo, importante que se diga que, de acordo com as investigações policiais, tais mortes nada tiveram a ver com questões relacionadas especificamente ao gênero das vítimas.

Ademais, conforme se pôde verificar, apenas 2 das 14 vítimas fatais possuíam registros criminais, o que igualmente foge à tendência da maioria das vítimas de **CVLIs**, conforme mais à frente se verá com maior riqueza de detalhes. Nesse tocante, mais uma vez, é necessário destacar que as investigações policiais comprovaram que as vítimas ou, pelo menos, a grande maioria delas, foram atingidas por disparos de arma de fogo aleatórios, sem que fossem consideradas suas respectivas individualidades.

Quanto ao grau de instrução, percebe-se que a maioria das vítimas possuía baixo nível de escolaridade, grande parte delas com apenas o Ensino Fundamental e nenhuma com nível superior. A maioria das vítimas também residia no próprio bairro ou em bairros adjacentes ao que a Chacina foi praticada, no caso, Cajazeiras.

Por fim, quanto ao perfil socioeconômico, observa-se que as vítimas da "Chacina das Cajazeiras" não fugiram à regra da maioria das vítimas de **CVLIs**, conforme estudos estatísticos. São pessoas com vulnerabilidade socioeconômica e não é incomum encontrar parentes ou indivíduos próximos, integrantes dos seus círculos de convivência, que também foram assassinados.

> *A gente tinha acabado de chegar, que a gente vendia churrasco lá na BR (116), aí ele foi dar uma passada lá, e eu tinha ido pra casa. Com quarenta minutos, chegou a notícia"*, relembra a mulher com uma camisa estampada com o rosto do marido Antônio Gilson, 31, outra vítima da chacina, a viúva conta que ele foi um dos primeiros a receber os tiros."
>
> **Viúva de Antônio Gilson** – De acordo com o Portal G1

Imagem por Evilásio Bezerra

Calçados das vítimas deixados no local em que ocorreu a "Chacina das Cajazeiras"

> *Larissa Albuquerque pede ajuda financeira, haja vista ter perdido a mãe e se encontra cuidando dos seis irmãos, mais dois filhos e ainda está grávida de oito meses."*
>
> **Larissa Albuquerque** - Filha de Edneuza Pereira Albuquerque – De acordo com o Jornal Tribuna do Ceará

Percebe-se, portanto, que são histórias muito semelhantes, de dor, exclusão e falta de acesso aos direitos fundamentais protagonizadas pelas pessoas que mais sofrem – pois são as que mais necessitam – com a ineficiência das políticas públicas. Estas, em sua esmagadora maioria, quando existem, são meramente formais, simbólicas e não materialmente eficientes. O resultado é um mar de sangue que arrasta notadamente os jovens de baixa escolaridade residentes nos denominados, eufemisticamente, de aglomerados subnormais, ou seja, as conhecidas, mas, ao mesmo tempo esquecidas, favelas.

A esse respeito, o Comitê Cearense pela Prevenção de Homicídios na Adolescência (**CCPHA**), em pesquisa realizada em 2016, mencionou o abandono escolar, o pouco acesso à rede de saúde, o trabalho irregular, a escassez de projetos sociais, falhas na rede de proteção e apoio, bem como a ineficiência das medidas socioeducativas como algumas das políticas públicas que, pela precariedade, acabam por funcionar como indutores de violência comuns aos adolescentes que são vítimas de **CVLIs**. (AGUIAR; HOLANDA, 2017).

Segundo o levantamento realizado com 224 famílias nas cidades de Fortaleza, Caucaia, Eusébio, Horizonte, Maracanaú, Sobral e Juazeiro do Norte, mais de 70% dos adolescentes assassinados em 2015 estavam fora da escola há pelo menos seis meses. Um enredo de exclusão que se repete com seus familiares e amigos. A escolaridade é comprovadamente um fator de proteção importante contra o homicídio e poderia contribuir para a redução desse tipo de mortalidade na adolescência. (AGUIAR; HOLANDA, 2017, p. 18).

Para Daniel Cerqueira, técnico de planejamento e pesquisa do Instituto de Pesquisa Econômica Aplicada (**Ipea**), a educação é o passo inicial para a redução dos homicídios. Para cada 1% a mais de jovens entre 15 e 17 anos nas escolas, há uma diminuição de 2% na taxa de assassinatos nos municípios. Essa foi a principal conclusão da Nota Técnica Indicadores Multidimensionais de Educação e Homicídios nos Territórios Focalizados pelo Pacto Nacional pela Redução de Homicídios, apresentada em maio/2019, no Ministério da Justiça. A pesquisa apontou a educação como a principal política social de redução dos assassinatos. Segundo o chefe de Gabinete do **Ipea**, Fábio de Sá e Silva, "Esse estudo refletiu o que se produziu de melhor nos últimos 12 anos em relação à política pública. Um conjunto de instrumentos ajudou a repensar o uso da repressão como única forma de fazer segurança pública, e, a educação é uma delas".

Entre outros fatores, Daniel Cerqueira ressaltou que o crime não é uma constante na vida do cidadão. "Existe um ciclo que começa por volta dos 12 ou 13 anos e vai até os 30. Se a pessoa não se envolveu até essa idade, dificilmente se envolverá". Esse é um dos motivos da importância da escolarização.

"Se o grupo de colegas dentro da escola é melhor do que aquele que o jovem tem fora, nas ruas, o comportamento dele tende a melhorar, o que acaba afastando-o das atividades criminais", declarou o técnico do **Ipea**, acrescentando que as chances de homens com até sete anos de estudo sofrerem homicídio são 15,9 vezes maiores que aqueles com nível universitário. (CARNEIRO, 2016, *on-line*).

De acordo com Aguiar e Holanda (2017, p. 19), outro motivo que afasta o adolescente da escola é o "desinteresse", identificado em 78 (53,42%) dos 146 casos analisados na capital do Ceará, Fortaleza. Uma das mães entrevistadas lembrou que matriculou o filho em diferentes escolas do bairro, mas o adolescente, que acabou mais tarde sendo morto, sempre fugia. A necessidade de trabalhar ou ficar em casa para cuidar dos irmãos mais novos e a falta de estruturas comunitárias, como creches, também foram apontadas como possíveis causas para o abandono escolar.

Sobre essa situação, uma diretora de escola e participante do grupo focal do referido estudo comentou que "quando o menino falta cinco vezes, pode ir atrás que o problema ali está grave. Pode ser a mãe usando o menino para ficar com o menor (irmão mais novo), que a gente vê muito quando há evasão, ou pode estar botando o menino para trabalhar". (AGUIAR; HOLANDA, 2017, p. 19).

Ainda acerca da relação do trabalho precoce, precário e irregular com os **CVLIs** na adolescência/juventude, o estudo do **CCPHA** revelou que apenas 4 dos 224 jovens de 12 a 18 anos, cujas histórias foram analisadas na pesquisa, nunca tinham trabalhado. Também foram raros os casos em que as atividades ocorreram protegidas pela lei, como estagiários ou jovens aprendizes. O estudo só registrou três situações desse tipo, em Fortaleza/CE, o equivalente a apenas 2% das respostas.

De maneira geral, os entrevistados descreveram os adolescentes em trabalhos pontuais, como pequenas compras e entregas remuneradas com "alguns trocados". Segundo os familiares, essas atividades costumavam acontecer de acordo com o que surgia no dia. Ocorre que, num contexto em que o trabalho regularizado é escasso, sobretudo para os jovens, a informalidade e a ilegalidade podem se cruzar com facilidade. (AGUIAR; HOLANDA, 2017, p. 20-21).

Outra conclusão apontada pelo **CCPHA** é que "A maioria dos adolescentes vítimas de homicídio em Fortaleza [72,6%] também só procurava o serviço de saúde quando ficava doente" (AGUIAR; HOLANDA, 2017, p. 19). Ou seja, não foi detectada preocupação com a aproximação desse público a um atendimento de saúde preventiva.

Isto porque, tanto o médico quanto o psicólogo que participaram da pesquisa concordaram que há necessidade de se pensar estratégias de aproximação com os adolescentes. Segundo eles, quanto maior a situação de vulnerabilidade social vinculada ao uso de substâncias psicoativas, mais esses jovens necessitam de uma ação proativa dos serviços de saúde em espaços comunitários. Ambos, no entanto, reconhecem que o surgimento de iniciativas como esta esbarram, entre outras coisas, no número reduzido de equipamentos e profissionais. (AGUIAR; HOLANDA, 2017, p. 20).

A pesquisa identificou também se o adolescente, vítima de homicídio, havia experimentado ou não algum tipo de substância psicoativa. Segundo os familiares entrevistados, em Fortaleza, maconha (61,6%), álcool (41,7%) e cigarro (29,4%) foram as mais citadas. (AGUIAR; HOLANDA, 2017, p. 20).

A escassez de projetos sociais foi igualmente apontada como uma falha na política pública, pois colabora para a ocorrência de homicídios na adolescência. O estudo mostrou que, apesar do contexto social das famílias e dos locais onde moravam as vítimas de homicídio ser propício para sediar projetos sociais diversos, as narrativas ouvidas pelo Comitê também indicaram pouca participação dos adolescentes em atividades deste tipo. Isto porque no estudo ficou claro o não conhecimento e a não participação das famílias em ações dessa natureza, gerando um círculo vicioso: quanto mais elas não acessam os serviços ou projetos existentes, mais saem do seu perfil de atendimento. (AGUIAR; HOLANDA, 2017, p. 20).

Aproveitando-se da observação de que os equipamentos estatais não possuíam, de modo regular e eficiente, serviços de convivência e fortalecimento de vínculos para o público mais vulnerável – os adolescentes/jovens –, questiona-se se não seria justamente nesse hiato que se inseririam as facções criminosas. Estas surgiriam, paralelamente a esse cenário, com a proposta de oferecimento, ainda que ilusório, de um espaço propício à convivência – e mais que isso, visibilidade social e econômica – com regras, princípios e códigos de conduta próprios com o condão de irradiar entre seus integrantes justamente a ideia (falsa, sabemos) de família, oferecendo mútua cooperação, assistencialismo social, econômico e até jurídico. Aqui seria possível, talvez, enxergar uma razão para a expansão de facções criminosas, promovendo uma sensação de pertencimento entre seus membros, que, muitas vezes, foi negligenciada pelo Estado, para se dizer o mínimo.

Assim, é sabido que o Estado precisa imprimir eficiência em suas ações e efetivamente fazer seu "dever de casa", implementando não só formalmente, mas, sim, sobretudo, materialmente políticas públicas imprescindíveis à prevenção do crime, mormente em relação ao segmento mais vulnerável, os adolescentes/jovens, notadamente os com baixas condições sócio econômicas. A lógica é muito simples, ou o Estado se aproxima (de modo eficiente/eficaz) ou as organizações criminosas o fazem ao seu modo, de acordo com suas regras e princípios. Os resultados dessa última hipótese, sabemos, é trágico.

O estudo do **CCPHA** revelou ainda que em quase metade (46%) dos 146 casos analisados em Fortaleza, os adolescentes vítimas de homicídio já haviam cumprido alguma medida socioeducativa. Na capital, a medida mais aplicada foi privação de liberdade (27,3%), seguida por liberdade assistida (17,1%) e prestação de serviço à comunidade (6,8%). (AGUIAR; HOLANDA, 2017, p. 23).

Com efeito, esse dado, por si só, possibilita observar que as chamadas medidas socioeducativas não estão, a exemplo de outras tantas políticas públicas antes mencionadas, surtindo seus efeitos esperados. Percebe-se que o adolescente em conflito com a lei recebe "acolhimento" pelo Estado por meio da aplicação das medidas socioeducativas, mas, ao retornar ao convívio social, insere-se novamente no ciclo de criminalidade. Ou seja, o principal objetivo não é alcançado, a ressocialização.

Desta feita, tais medidas, em sua grande maioria, existem por existir, não para alcançar efetivamente seus objetivos. E a crítica aqui não é direcionada aos profissionais que labutam nesses setores e/ou Órgãos, ao revés, tratam-se de verdadeiros heróis e heroínas que, em sua grande maioria, buscam, mesmo sem condições ideais de trabalho e com remunerações baixíssimas, desempenhar seu mister da melhor maneira possível.

A reflexão aqui ocorre em razão da absoluta contraproducência do sistema e, sobretudo, pela ausência de mudança de rumos, mesmo com estudos e dados seguros apontando que, da maneira como se está lidando com o problema, não está funcionando e, pior, nunca irá funcionar. Afinal, as políticas públicas até aqui explicitadas existem tão somente para serem anunciadas ou para efetivamente surtirem seus efeitos em prol da sociedade?

Apenas a título de exemplo, os estudos do **CCPHA** citam que o monitoramento do Sistema Socioeducativo do Ceará, realizado pelo Fórum dos Direitos da Criança e do Adolescente em Fortaleza, em 2014, aponta que os Creas - Centros de Referência Especializados de Assistência Social, nos quais se executa o serviço de atendimento de Liberdade Assistida, efetuaram, em sua maior parte, atendimentos mensais. As visitas domiciliares também são pouco frequentes, ocorrendo, em sua maioria, apenas semestralmente (AGUIAR; HOLANDA, 2017, p. 23).

> **Fórum dos Direitos da Criança e do Adolescente Atendimentos Individuais**
>
> Atendimentos de acompanhamento do cumprimento do PIA, ou seja, plano individual de atendimento, realizados periodicamente no CREAS, apenas com o (a) adolescente e, excepcionalmente, em caso de necessidade, com familiares. Nesse momento, o (a) técnico (a) de referência avalia com o (a) adolescente o cumprimento ou não das obrigações da medida previstas no PIA, realizando, quando necessários, ajustes nessa previsão.
>
> Na Liberdade Assistida, ocorrem de acordo com a necessidade identificada pelo (a) técnico (a) ou, se for o caso, periodicamente, de acordo com previsão no PIA. Na PSC, ocorrem de acordo com a necessidade identificada pelo (a) técnico (a).

Visita Domiciliar
Visitas realizadas por técnico de referência à residência do (a) adolescente, com fins de estabelecer contato com este (a) e com sua família. É mais um momento para avaliação do PIA, verificando o impacto da execução da medida em seu contexto social, bem como a efetivação de seus vínculos familiares e comunitários.

(FORTALEZA et al., 2016, p. 25-26, grifo do autor).

Não é difícil perceber que atendimentos individuais mensais e uma única visita domiciliar semestral, como apontou o estudo, não têm o condão de atingir os objetivos esperados quando da aplicação das medidas socioeducativas. É necessário que haja um acompanhamento próximo, individualizado, materialmente eficiente, com vistas a efetivamente reinserir aqueles adolescentes em conflito com a lei no caminho condizente com a cidadania. Não apenas o preenchimento de formulários, de modo impessoal e logicamente improdutivo/ineficiente. Aqui, tem-se um exemplo clássico das chamadas "políticas públicas simbólicas". Anuncia-se que tem e, de fato, formalmente existem, contudo, materialmente são vazias.

Ou seja, não se tem políticas públicas nem direitos fundamentais adequadamente garantidos pelo Estado nem antes, muito menos depois de delinquir. Nesse contexto, o círculo vicioso da criminalidade nunca é extirpado. Isso ocorre porque se está imerso no chamado **ECI**, ou seja, "*Estado de Coisas Inconstitucional*".

Nesse sentido, quando os serviços essenciais que deveriam ser fornecidos regular e ordinariamente pelo Estado são negligenciados, é inegável que há reflexos diretos e imediatos na problemática da criminalidade.

Assim, com a ausência ou extrema precariedade do atendimento a direitos sociais fundamentais como saneamento básico, educação, esporte, cultura e lazer de qualidade, notadamente os destinados ao público juvenil dos aglomerados subnormais, tem-se o denominado **ECI**. Nada mais é do que o próprio Estado se tornar o maior descumpridor das leis as quais deveria ser o primeiro a cumprir, tudo isso ao arrepio de princípios como o da legalidade (Constituição Federal de 1988, **Art. 5º**, II) e o da dignidade da pessoa humana (Constituição Federal de 1988, **Art. 1**, III).

No **ECI**, há violação massiva aos direitos fundamentais em decorrência da omissão deliberada do Poder Público. Os direitos sociais conferidos aos cidadãos (saúde, educação, moradia, trabalho, lazer etc.) pela Constituição Federal de 1988, são simplesmente ignorados pelo Estado. Fato é que esta mesma Lei Maior – não respeitada – é também o fundamento legal da existência e legitimação do próprio Estado.

Em síntese, curiosamente, o Estado não respeita o fundamento legal legitimador da sua própria existência. Apenas a título de exemplo, ressalta-se que um dos mais importantes fundamentos da **República Federativa do Brasil** é justamente a dignidade da pessoa humana (Constituição Federal/88, **Art. 1º**, III) que, nessas circunstâncias, é negligenciada, em suas mais variadas manifestações, justamente por quem deveria por primeiro garanti-la.

A dignidade humana estaria sendo respeitada no contexto abordado?

Para o reconhecimento desse Estado de Coisas Inconstitucional, observa-se primeiramente um quadro de violação generalizada a direitos fundamentais, de modo a atingir um número amplo de pessoas. Destarte, não basta tão somente o desrespeito singular desses direitos; O segundo pressuposto está na "falha estrutural do Estado", prejudicando a coordenação entre medidas legislativas, administrativas, orçamentárias e judiciais, gerando a chamada "violação sistemática dos direitos", bem como a reiteração e agravamento da realidade criada; Por fim, o terceiro pressuposto é a expedição de remédios para uma pluralidade de órgãos, isto é, a busca de solução é dirigida não apenas para uma autoridade pública ou órgão, mas para vários, que não conseguem restabelecer a normalidade das coisas. (MARQUES, 2016, *on-line*).

Vale ressaltar que a declaração do Estado de Coisas Inconstitucional é, antes de mais nada, uma forma de chamar atenção para o problema de fundo, de reforçar o papel de cada um dos poderes e de exigir a realização de ações concretas para a solução do problema. Entendido nestes termos, o **ECI** não implica, necessariamente, uma usurpação judicial dos poderes administrativos ou legislativos. Pelo contrário, a ideia é fazer com que os responsáveis assumam as rédeas de suas atribuições e adotem as medidas, dentro de sua esfera de atribuição/competência, para solucionar o problema.

Para isso, ao declarar o Estado de Coisas Inconstitucional e identificar uma grave e sistemática violação de direitos provocada por falhas estruturais da atuação estatal, a primeira medida adotada pelo órgão judicial é comunicar as autoridades relevantes o quadro geral da situação. Depois, convoca-se os órgãos diretamente responsáveis para que elaborem um plano de solução, fixando-se um prazo para a apresentação e conclusão desse plano. Nesse processo, também são indicados órgãos de monitoramento e fiscalização que devem relatar ao Judiciário as medidas que estariam sendo adotadas.

> **Plano de Solução**
>
> A linha de ação segue o seguinte esquema: **(a)** identificação e prova do quadro de violações sistemática de direitos, por meio de inspeções, relatórios, perícias, testemunhas etc. **(b)** declaração do Estado de Coisas Inconstitucional **(c)** comunicação do **ECI** aos órgãos relevantes, sobretudo os de cúpula e aos responsáveis pela adoção de medidas administrativas e legislativas para a solução do problema **(d)** estabelecimento de prazo para apresentação de um plano de solução a ser elaborado pelas instituições diretamente responsáveis **(e)** apresentação do plano de solução com prazos e metas a serem cumpridas **(f)** execução do plano de solução pelas entidades envolvidas **(g)** monitoramento do cumprimento do plano por meio de entidades indicadas pelo Judiciário **(h)** após o término do prazo concedido, análise do cumprimento das medidas e da superação do **ECI** (i) em caso de não-superação do **ECI**, novo diagnóstico, com imputação de responsabilidades em relação ao que não foi feito **(j)** nova declaração de **ECI** e repetição do esquema, desta vez com atuação judicial mais intensa.
>
> Nesse processo, o ideal é que o Judiciário não estabeleça, em caráter impositivo, os meios para a solução do problema, pois quem deve estabelecer o como agir são os órgãos responsáveis pela execução do plano. O papel do Judiciário deve ser o de buscar o engajamento de todos na resolução do problema e criar obrigações de resultado, estabelecendo parâmetros para caracterizar a superação do **ECI** e adotando

os mecanismos processuais para pressionar os agentes estatais a cumprirem a política pública elaborada pelos próprios órgãos envolvidos.

Há alguns princípios-guias a orientar o nível da intervenção judicial. O primeiro refere-se ao grau da inação dos órgãos estatais. Quanto maior for a situação de abandono e de descaso com a solução do problema por partes dos órgãos competentes maior será a intensidade da atuação judicial. O segundo está relacionado à vulnerabilidade das pessoas envolvidas. Quanto maior for o grau de vulnerabilidade das pessoas afetadas (em razão da privação de direitos e incapacidade de articulação política) maior será a necessidade de uma atuação judicial mais rigorosa. Outro princípio importante relaciona-se à essencialidade do direito afetado: quanto maior for a essencialidade daquele (do ponto de vista do respeito e proteção da dignidade), maior deverá ser a busca pela sua implementação. Em todo caso, a atuação judicial deve mirar um diálogo para que a solução do problema seja construída pelos próprios órgãos responsáveis. [...] Hoje, como qualquer situação de desrespeito à constituição é judicializada de forma isolada, é impossível alcançar soluções sistematizadas, reinando um verdadeiro caos que pode até aumentar o quadro de inconstitucionalidade. Basta ver o exemplo da judicialização da saúde, em que as microsoluções (caóticas) impedem qualquer planejamento das macro soluções (sistemáticas). Uma declaração de **ECI** em matéria de saúde, com a apresentação de um plano de solução global, minimizaria o caos em que se vive hoje, onde qualquer paciente ingressa com ações judiciais para pedir qualquer remédio, inviabilizando a construção de um plano racional de longo alcance.

Por fim, uma observação mais crítica, com um tom realista. Como se nota, o **ECI** é um instituto bastante ambicioso, já que, por meio dele, busca-se resolver pronta e eficazmente problemas complexos de natureza estrutural de largas proporções. A prudência, porém, nos recomenda a ser mais cauteloso quanto às possibilidades do instituto. Cautela aqui em dois sentidos. Em primeiro lugar, na própria definição do papel do Judiciário nesse processo. O modelo só faz sentido se o órgão judicial tiver plena consciência dos limites de sua atuação. O propósito do **ECI** não deve ser o de transformar o Judiciário em um superórgão responsável pela elaboração e execução de políticas públicas. Deve ser justamente o oposto disso, pois, nesse modelo, os juízes não exercem um papel de substituição, mas de mera supervisão ou acompanhamento de um projeto que foi planejado pelos entes responsáveis, dentro de suas respectivas esferas de competência. (Nesse ponto, pode-se criticar o pedido formulado na **ADPF** 347/DF, que, claramente, deturpa parcialmente o modelo, já que são apresentadas medidas concretas de solução que seriam, caso deferidas, impostas pelo Judiciário sem uma análise dos órgãos responsáveis).

A segunda cautela é quanto à própria eficácia do instituto. Sem dúvida, o **ECI** não é o antídoto capaz de resolver todos os problemas da humanidade. Na verdade, ele é muito menos eficaz quanto se pensa. Basta ver que, no caso emblemático da situação dos presídios na Colômbia, a Corte Constitucional, em 2013, proferiu uma nova decisão (T 388-2013) reconhecendo que, apesar da decisão de 1998, o Estado de Coisas Inconstitucional nos cárceres colombianos persistia (ainda que por razões distintas).

Não se pode supervalorizar o papel do judiciário na implementação de soluções de largo alcance. O poder judicial tem uma capacidade limitada de fazer valer os direitos fundamentais, sobretudo quando estamos diante de decisões de alta magnitude, como a que determina o fim das violações dos direitos dos presos ou a efetivação de direitos econômicos, sociais e culturais. Mesmo decisões bem fundamentadas, convincentes e principiologicamente guiadas podem se tornar uma mera folha de papel sem qualquer poder de mudar o mundo se não houver um compromisso mais amplo para fazer valer o direito. Além disso, mesmo que se reconheça um papel restritivo da função judicial no modelo de superação da **ECI**, é de que se questionar se o judiciário brasileiro tem estrutura para tanto. E não vai ser apenas criando um instituto com um nome bonitinho que conseguiremos transformar a sociedade. A eliminação por completo das violações sistemáticas de direitos depende de fatores que vão muito além do voluntarismo judicial.

MARMELSTEIN, 2015, *on-line*, grifo do autor.

Na Arguição de Descumprimento de Preceito Fundamental (**ADPF**)n. 347/DF, proposta pelo Partido Socialismo e Liberdade (PSOL) com o fim de obter o reconhecimento do Estado de Coisas Inconstitucional do sistema penitenciário brasileiro, o ministro do Supremo Tribunal Federal (**STF**), Marco Aurélio, reconheceu que o sistema penitenciário vive um *"Estado de Coisas Inconstitucional"*, com uma violação generalizada dos direitos fundamentais dos presos. Assim, conforme a decisão, as penas privativas de liberdade aplicadas nos presídios brasileiros acabam sendo penas cruéis e desumanas.

O **STF** ainda não julgou definitivamente o mérito da **ADPF** – que já conta com parecer da Procuradoria Geral da República parcialmente favorável –, mas já apreciou o pedido de liminar, deferindo-o, parcialmente, e tendo determinado, inclusive, a implantação de audiência de custódia e liberação das verbas do Fundo Nacional Penitenciário. Assim, restou entendido que a ausência de medidas legislativas, administrativas e orçamentárias eficazes representa uma verdadeira "falha estrutural" que gera ofensa aos direitos dos presos, além da perpetuação e do agravamento da situação. (MARQUES, 2016, *on-line*).

Aproveita-se essa relevante discussão e uma parte da fundamentação da decisão liminar ora explicitada para questionar: E fora dos presídios? Notadamente nos aglomerados subnormais de onde provieram a grande maioria dos presos imersos nessa situação de Estado de Coisas Inconstitucional Carcerária, não há também uma violação generalizada aos direitos fundamentais "dos soltos"?

Não seria exagero dizer que, na esmagadora maioria dos que compõem a população carcerária no Brasil, houve tão somente mudança dos seus endereços de fora para dentro dos presídios, permanecendo, contudo, as suas condições subumanas inalteradas.

Tal reflexão surgiu ao lembrar que a segurança pública – tal qual o direito penal, de maneira obviamente desvirtuada – é chamada a resolver questões diversas, de modo célere, eficiente e quase sempre sob a pressão e as críticas de setores da sociedade que raramente se debruçam profundamente acerca das reais causas do problema. Prefere-se lançar um olhar míope e superficial quando o caos se aproxima, enxergando apenas as forças policiais – que estão "na ponta" - como responsáveis por toda gama de situações, das mais variadas ordens, que afligem o tecido social e tem sua manifestação mais extremada por meio da criminalidade.

Daí a importância de investimentos sérios em educação de qualidade, possibilitando que o povo, indistintamente, busque seu próprio entendimento das coisas e não seja apenas replicador de ideias pré-formatadas. É o que Immanuel Kant destacou na expressão latina "Sapere aude", associada à Era do Iluminismo, durante os séculos XVII e XVIII, significando "ouse saber", "ouse ser sábio" ou "tenha coragem de pensar por si mesmo" (SAPERE..., 2019, on-line). É, portanto, fundamental que todo ser humano atinja sua maioridade intelectual, sendo crítico da realidade que o circunda e não mero seguidor cego de argumentações pré-concebidas e quase sempre contaminadas por interesses escusos.

É absolutamente necessário que o consciente coletivo e os representantes do povo, detentores do poder, enxerguem a problemática da criminalidade de modo conglobante, com a necessária profundidade e com intenção de efetivamente encontrar não culpados, mas sim soluções consistentes e não meramente simbólicas, eleitoreiras e, por óbvio, já comprovadamente ineficazes.

É também verdade que não se consegue ressocializar quem nunca foi socializado. É um fardo muito grande e inexigível à polícia e demais órgãos atuantes na persecução penal realizarem, além da responsabilização criminal, também transformações sociais profundas com o fito de estancar o avanço da criminalidade em suas origens quando não se visualiza o respeito aos mínimos direitos humanos antes do cometimento de uma infração penal, nem durante a execução da pena criminal aplicada e igualmente depois do cumprimento desta, onde há ainda grande influência da estigmatização.

Estabelece-se um ciclo de criminalidade que se retroalimenta, é recheado de hipocrisia e nitidamente se revela ineficiente, justamente porque não há interesse em implementar materialmente o que é brilhantemente anunciado na Constituição Federal de 1988, como direitos e garantias fundamentais. Assim, enquanto as ações e políticas públicas adotadas forem meramente simbólicas, a manutenção das violações aos direitos sociais com reflexos diretos na criminalidade será também eternizada.

Com efeito, urge em nosso país mudanças na forma de pensar e agir em relação às políticas públicas em geral, considerando-se essencialmente como azimute o respeito material aos direitos humanos, contribuindo-se significativamente com o eficaz combate à criminalidade. Assim, ataca-se as verdadeiras causas, e não meramente as consequências de um problema que se arrasta há tempos e tem ceifado, por ano, dezenas de milhares de vidas humanas.

Homicídios: Brasil no Cenário Mundial

Dados do Atlas da Violência e do Instituto Igarapé revelam que o Brasil, sozinho, contabilizou, em 2016, mais homicídios do que 154 países, a exemplo dos Estados Unidos, Canadá, China, Indonésia, Portugal, Espanha, França, Alemanha, Rússia, dentre muitos outros. Enquanto em nosso país 62.517 pessoas foram assassinadas, nos mais de cem países considerados, 62.337 pessoas perderam suas vidas para a criminalidade violenta urbana.

ALVES, *on-line*, 2018.

Declaração Universal dos Direitos Humanos

Artigo III: Todo ser humano tem direito à vida, à liberdade e à segurança pessoal.

AS INVESTIGAÇÕES POLICIAIS

Tão logo os crimes relacionados ao que ficou conhecido popularmente como a "Chacina das Cajazeiras" foram cometidos na madrugada de 27 de janeiro de 2018, populares imediatamente comunicaram o fato à Coordenadoria Integrada de Operações de Segurança (**CIOPS**). Como de praxe, composições da Polícia Militar foram acionadas e, ao chegarem ao local do trágico acontecimento, confirmaram o cenário de guerra previamente relatado à **CIOPS**. Corpos sem vida ensanguentados, amontoados em determinados locais e outros espalhados pela via pública, olhares de medo, silêncio eloquente só quebrado com os gritos de parentes das vítimas que chegavam e constatavam seus familiares ao chão, protagonizando a maior carnificina já ocorrida no estado do Ceará.

Além disso, uma granada (não detonada), de uso exclusivo do Exército Brasileiro, utilizada na ação dos criminosos fora também encontrada pelos primeiros profissionais de segurança pública

Imagem de arquivo do DHPP/CE

Granada M3, de uso exclusivo do Exército Brasileiro, apreendida na comunidade Rosalina, em Fortaleza/CE, no curso das investigações realizadas pela Polícia Civil em torno da "Chacina das Cajazeiras". Outra granada, de igual modelo, já havia sido apreendida no próprio local em que a Chacina foi praticada.

que chegaram ao local. Necessitou-se do acionamento das forças policiais especializadas para manipulá-la, com segurança, evitando maiores danos.

Com o objetivo de desenvolver as investigações preliminares, equipes especializadas da Polícia Civil, no caso, do Departamento de Homicídios e Proteção à Pessoa (**DHPP**), juntamente com as da Perícia Forense do Estado do Ceará (**PEFOCE**), foram acionadas a comparecerem ao local. Agora, já em meio a gritos de revolta, desespero e predominando o clima de terror e medo, iniciou-se o procedimento preliminar de tentativa de identificação das vítimas, entrevistas com familiares e testemunhas presenciais, assim como a identificação de outras pessoas que pudessem, de alguma maneira, contribuir posteriormente com as investigações de seguimento.

Iniciou-se, de imediato também, as buscas, coletas e análises de vestígios deixados no local pelos criminosos. Nesse ponto específico, encaixa-se como calha à fiveleta lembrar do princípio de Locard (TEORIA..., 2019, *on-line*), que é sintetizada na expressão de que "*todo contato deixa uma marca*", ou seja, no local do cometimento de um delito, sempre o criminoso deixará rastros, o que tecnicamente são denominados de vestígios, e cuja descoberta e investigação em torno dos mesmos é tarefa primordial dos profissionais imbuídos no trabalho de investigação criminal.

Ainda em relação a esse primeiro atendimento de uma equipe policial a um local de crime contra a vida, a assertiva de que o tempo que passa é a verdade que foge também se revela verdadeira. É essencial para o descobrimento da verdade e sucesso das investigações policiais a busca pelo maior encurtamento do denominado "período do imponderável" (tempo decorrido entre o momento do cometimento do delito e a chegada da primeira equipe policial ao local do crime).

Assim, peritos e policiais civis do **DHPP** desenvolveram suas atividades no local sob a coordenação da autoridade policial (**CPP, Art. 6º**), leia-se, o Delegado de Polícia responsável pelo atendimento ao local da Chacina. Todos, claro, atuando dentro de suas atribuições funcionais, com o mesmo propósito de reunir a maior gama de elementos de informação para contribuir com as investigações em torno daquele evento delitivo de grandes proporções e possibilitar, ao final,a eficiente responsabilização criminal dos autores e eventuais partícipes.

Em nível de macrogestão, imediatamente foi constituído o gabinete de gestão de eventos complexos na Secretaria da Segurança Pública e Defesa Social do Estado do Ceará (**SSPDS/CE**), capitaneado pelo Secretário da Segurança Pública, Dr. André Santos Costa, com a participação da cúpula dos diversos órgãos vinculados àquela Secretaria de Estado, além de representantes do Poder Judiciário e do Ministério Público. A partir disso, foram definidas diretrizes gerais de atuação, estabelecidas ações prioritárias e realizadas divisões de tarefas com o objetivo de evitar retrabalho e aumentar a eficiência das ações ante o episódio.

Em face da alta complexidade do caso, com multiplicidade de vítimas e suspeita de envolvimento de organizações criminosas, houve ratificação de que as investigações policiais de seguimento permaneceriam sob a responsabilidade do **DHPP/CE**.

Fachada do prédio do DHPP, da Polícia Civil do Ceará.

Em nível de gestão operacional, no âmbito do **DHPP**/CE, igualmente foi instituído outro grupo de trabalho, coordenado pela Direção do Departamento e teve como principais decisões, dentre outras: a constituição de uma comissão composta por quatro delegados de polícia com o objetivo de conduzirem as investigações policiais até a sua conclusão; a convocação extraordinária de policiais civis das delegacias vinculadas ao **DHPP**, mesmo que com atribuições ordinárias em outras áreas circunscricionais que não a do local onde ocorreu a Chacina, a fim de reforçar quantitativa e qualitativamente os trabalhos investigativos que seriam desenvolvidos em torno do caso, formando-se várias equipes menores, cada uma com atribuições específicas pré-determinadas e o acionamento do NUIP/**DHPP**, ou seja, o Núcleo de Inteligência Policial do **DHPP** para orientar e otimizar, por meio da tecnologia e inteligência policial, os trabalhos operacionais de campo.

Válido ainda destacar que as diretrizes traçadas acima foram submetidas ao método de gestão conhecido como ciclo **PDCA** (Plan, Do, Check e Act/Adjust – Planejar, Fazer, Verificar e Ajustar/Agir), também conhecido como Ciclo de Deming ou de Shewhart (CARLOS JUNIOR, 2017). A aplicação desse método teve como objetivo maior obter a contínua avaliação e o eventual ajustamento das rotinas e diligências desenvolvidas no curso das investigações policiais, a fim de garantir o máximo de resultados satisfatórios à sociedade.

Ciclo PDCA (*Plan, Do, Check e Act/Adjust* – Planejar, Fazer, Verificar e Ajustar/Agir)

No desenvolvimento das investigações policiais, essencialmente as equipes empregadas deveriam responder aos seguintes questionamentos básicos: 1) O que aconteceu? (homicídio, latrocínio, acidente etc.); 2) Como ocorreu? (dinâmica dos fatos criminosos); 3) Quando ocorreu? (elemento temporal); 4) Por que aquele evento se desenvolveu? (motivação); 5) Quem provocou o evento? (autoria);

6) Com que meios foi promovido o evento (instrumentos utilizados para cometimento dos delitos – arma de fogo, faca, granada etc.); 7) Onde ocorreu? (elemento espacial). As respostas a tais indagações é o que se conhece como "heptâmetro de Quintiliano" (HEPT METRO..., 2019, *on-line*), uma ferramenta aplicada para apurar um fato que propõe justamente a resposta a essas sete perguntas. Uma vez respondidas, evidenciam algo como factual. Em termos técnicos, dentro do universo da investigação criminal, o objetivo com a aplicação desta ferramenta é, essencialmente, desvendar a autoria delitiva, esclarecer a motivação criminosa e comprovar formalmente a materialidade (existência) do crime investigado, colaborando, de modo ímpar com a justiça criminal.

Justamente com esse propósito, o inquérito policial n. 322-214/2018 foi instaurado no **DHPP**/CE e, após aproximadamente quatro meses de investigações policiais ininterruptas, o relatório final conclusivo assinado pelos delegados de polícia Leonardo D'Almeida Couto Barreto, George Ribeiro Monteiro, Fábio Torres Vieira e Ciro de Assis Lacerda, contendo setenta e duas laudas foi encaminhado à central de inquéritos do Ministério Público do Estado do Ceará para o oferecimento da denúncia e inauguração da competente ação penal em desfavor dos apontados como autores responsáveis pela Chacina.

Válido destacar ainda que, no curso das investigações policiais procedidas pela Polícia Civil do Ceará, como já mencionado acima, foram realizadas diversas ações policiais de campo, sempre orientadas pela inteligência policial e com o uso da tecnologia, que resultaram, além da prisão de todos os autores/infratores, na apreensão de uma grande quantidade de ilícitos. Para se ter uma ideia, somente a título de exemplo, foram apreendidos pela Polícia Civil automóveis, 26 quilos de entorpecentes, 2 granadas, 9 armas de fogo e 531 munições de diversos calibres.

Imagem de arquivo do DHPP/CE

Parte das apreensões de entorpecentes e armas de fogo realizadas pela Polícia Civil do Ceará no curso das investigações policiais em torno da "Chacina das Cajazeiras".

Imagem de arquivo do DHPP/CE

Parte das apreensões de munições de diversos calibres realizadas pela Polícia Civil do Ceará no curso das investigações policiais em torno da "Chacina das Cajazeiras".

Imagem de Cícero Oliveira

Parte das apreensões de armas de fogo realizadas pela Polícia Civil do Ceará no curso das investigações policiais em torno da "Chacina das Cajazeiras".

Conforme o relatório final do inquérito policial, restou evidenciado que a maior Chacina do estado do Ceará foi motivada pela rivalidade entre duas organizações criminosas, quais sejam: Guardiões do Estado (**GDE**) e Comando Vermelho (**CV**).

Assim, de acordo com o apurado, foi constatado haver uma disputa declarada entre elas com o intuito de aumentar o domínio territorial para a prática da mercancia ilícita de entorpecentes e, por conseguinte, ampliação dos lucros. Para tanto, ambas se utilizam preponderantemente da "força de trabalho" de jovens, geralmente em situação de vulnerabilidade social – infelizmente, é a situação socioeconômica da grande maioria dos jovens em nosso país – que, por sua vez, empregam os mais sórdidos meios, torturando, matando e expulsando cidadãos de suas residências, cumprindo assim à risca as determinações oriundas do comando dessas facções criminosas. Nesse contexto, somente o fato de um indivíduo integrar outra organização criminosa já o torna inimigo do componente do grupo rival, autorizando-o a matá-lo.

Ou seja, a grande massa que compõe tais organizações criminosas são mentes jovens, vazias, em situação de extrema vulnerabilidade socioeconômica e cultural, buscando, de alguma maneira, respeito, visibilidade social e progressão hierárquica dentro dessas facções criminosas, conforme os valores paralelos por elas próprias estabelecidos. Isso explica, mas nunca, por óbvio, justifica os atos sanguinários praticados por seus integrantes em detrimento à vida humana e paz social.

Como destacado, a Chacina foi provocada pela disputa entre duas organizações criminosas rivais. Nesse sentido, a casa de show intitulada "Forró do Gago" localizava-se em uma área de atuação predominante da facção criminosa Comando Vermelho (**CV**). Muitas das festas ocorridas no local que foi palco da Chacina eram, segundo as investigações, organizadas e/ou patrocinadas pelo próprio **CV**, sendo comum tocarem músicas que faziam alusão ao crime e à própria facção. Já os bairros circunvizinhos (Barroso II, Babilônia, Boa Vista, Parque Dois Irmãos/Rosalina e Cidade Jardim), à época, eram de atuação predominante da facção rival **GDE**. Assim, desde o princípio das investigações existiram fortes indícios de que a Chacina teria sido perpetrada por integrantes da facção **GDE**, o que, ao final, acabou se confirmando tecnicamente.

Cidade
Barroso II
Babilônia
Boa Vista
Parque Dois Irmãos (Rosalina)
Cidade Jardim

Durante as investigações policiais, foram inquiridas centenas de pessoas, testemunhas oculares e auriculares, suspeitos e indiciados, além da requisição de diversos exames periciais, cuja realização ficaram a cargo da **PEFOCE**, com o objetivo de produzir evidências em colaboração às investigações procedidas pela Polícia Civil, por intermédio do **DHPP**.

Concluiu-se, pelo indiciamento de dez pessoas por participação direta na Chacina e mais uma por participação acessória, haja vista que essa pessoa realizou a destruição de vestígios (um dos automóveis utilizado pelos criminosos para a prática dos delitos) a fim de dificultar a ação da polícia, figurando no relatório final da Polícia Civil um total de onze indiciados.

Ainda ficou constatada a participação ativa de dois menores de idade (12ª e 13ª pessoas envolvidas diretamente nos crimes), contudo, nesses dois últimos casos, por se tratarem de adolescentes que cometeram atos infracionais, foram encaminhadas cópia dos autos à delegacia especializada –Delegacia da Criança e do Adolescente (**DCA**) –, a fim de serem efetivadas as devidas responsabilizações, nos termos da lei, no caso, o Estatuto da Criança e do Adolescente.

Segundo dados oficiais do **DHPP**, os autores dos crimes foram identificados como sendo: Deijair de Souza Silva ("De Deus" ou "Bedeca"), Noé de Paula Moreira ("Gripe Suína"), Auricélio Sousa Freitas ("Celim", "Celim da Babilônia" ou "Irmão CL"), Zaqueu Oliveira da Silva ("Pai", "Macumbeiro" ou "H2O"), Misael de Paula Moreira ("Psicopata", "Afeganistão" ou "Maguim"), Fernando Alves de Santana ("Robin Hood" ou "Baiano"), Rennan Gabriel da Silva ("Biel" ou "RG"), Francisco Kelson Ferreira do Nascimento ("Susto", "Carnificina", "9 mm" ou "Okley"), Joel Anastácio de Freitas ("Gaspar"), Ruan Dantas da Silva ("RD" ou "PH"), Ayalla Duarte Cavalcante ("Zói") e mais dois adolescentes que devem ter seus nomes ocultados, segundo a lei.

Indiciados
Deijair de Souza Silva ("De Deus" ou "Bedeca")
Noé de Paula Moreira ("Gripe Suína")
Auricélio Sousa Freitas ("Celim", "Celim da Babilônia" ou "Irmão CL")
Zaqueu Oliveira da Silva ("Pai", "Macumbeiro" ou "H2O")
Misael de Paula Moreira ("Psicopata", "Afeganistão" ou "Maguim")
Fernando Alves de Santana ("Robin Hood" ou "Baiano")
Rennan Gabriel da Silva ("Biel" ou "RG")
Francisco Kelson Ferreira do Nascimento ("Susto", "Carnificina", "9 mm" ou "Okley")
Joel Anastácio de Freitas ("Gaspar")
Ruan Dantas da Silva ("RD" ou "PH")
Ayalla Duarte Cavalcante ("Zói")
Mais dois adolescentes que devem ter seus nomes preservados, conforme a lei.

Destaque-se, também, que, no curso das investigações policiais, foi identificada a existência de uma célula dentro da **GDE**, conhecida pela sigla **"OQC"**, ou seja, "Os Quebra Cocos". Um grupo formado, em sua quase totalidade, por jovens violentos, e criado com o propósito de ser a linha de frente da **GDE**, responsável pelos assassinatos de integrantes das facções criminosas rivais. Tal grupo, que tinha como chefe, conforme a Polícia Civil, Misael, foi empregado na "Chacina das Cajazeiras".

Foi possível constatar ainda, ao longo das investigações policiais, que a **GDE** era estruturada de maneira hierarquizada, com divisão de tarefas entre seus integrantes que praticavam os mais diversos crimes, com preponderância à mercancia ilícita de substâncias entorpecentes, roubos e homicídios, objetivando notadamente a ampliação do seu raio de atuação, o aumento de seus lucros, além de maior empoderamento e visibilidade social advindos de suas práticas criminosas.

Apesar de ser uma organização criminosa descentralizada, com várias microcélulas espalhadas em bairros da capital – cada uma com seus chefes locais –, foi identificado que havia um conselho que era composto, entre outros, por Deijair de Souza Silva, apontado pela Polícia Civil como um dos fundadores da **GDE**.

Ainda acerca dos meandros das investigações policiais, foram também identificados dois veículos utilizados pelos criminosos por ocasião da Chacina: um Fiat/Siena preto e um VW/Golf branco. Ambos abandonados logo após o ataque, sendo que este último foi ainda incinerado, na tentativa, sem sucesso, de destruir vestígios e dificultar as investigações. Os dois carros utilizados nas ações foram encontrados, periciados e ficou comprovado que ambas as placas eram "frias".

Com relação a esse ponto específico, ganha especial destaque a utilização da tecnologia e da inteligência voltada às investigações policiais. A ferramenta **SPIA** – Sistema Policial Indicativo de Abordagem – possibilitou às equipes de investigação do **DHPP** rapidamente identificar os veículos usados na ação criminosa, localizá-los e proceder às demais diligências complementares a fim de melhor subsidiar as conclusões das investigações policiais.

Não é o objetivo desta obra, nem conveniente seria, detalharmos pormenorizadamente o modo de utilização da aludida ferramenta no curso das investigações policiais. A supremacia do interesse público nos exige a compartimentação de tais informações, evitando, assim, que sejam eventualmente utilizadas por pessoas com interesses e objetivos escusos. Contudo, na imagem abaixo se pode ter uma noção geral do uso do **SPIA** nas investigações policiais de crimes contra a vida, a exemplo do que foi a "Chacina das Cajazeiras".

Investigação policial voltada para análise específica, com o auxílio da ferramenta **SPIA**, de automóveis suspeitos de terem sido utilizados pelos infratores na "Chacina das Cajazeiras" – Os veículos Siena e Golf foram apreendidos pela Polícia Civil do Ceará e ficou comprovado que, de fato, foram utilizados pelos criminosos na ação delitiva.

As investigações policiais também concluíram que, dos dois automóveis utilizados, desceram, de cada um, quatro a cinco criminosos, todos armados e encapuzados, que passaram a efetuar disparos de maneira aleatória em face de quem se encontrava no local. Entre as vítimas, como já destacado, oito eram mulheres. Um motorista de aplicativo de transporte, que lá se encontrava para deixar uma cliente e um vendedor ambulante de lanches, que também trabalhava no local, figuraram na relação dos mortos da Chacina, sendo indicadores que reforçaram a conclusão de que os infratores não tinham vítimas específicas. O ataque se deu de modo a atingir um maior número de pessoas possíveis que se encontrassem no local, sem necessariamente considerar suas individualidades.

Após a matança, os infratores empreenderam fuga aos gritos de "É tudo três, porra! É Babilônia!", em referência à facção **GDE** e à Comunidade da Babilônia, de onde eram parte dos criminosos. Ou seja, a Chacina foi um ataque covarde e inconsequente que, na verdade, não atingiu direta e efetivamente os membros da facção criminosa rival, mas sim, como visto, vitimou pessoas inocentes e, a maioria delas, sem qualquer envolvimento pretérito com a justiça criminal.

Corroborando com o exposto, as investigações policiais constataram que o plano de ataque da facção **GDE**, inicialmente, era voltado para ocorrer ao clube denominado "Nitro Night", localizado na comunidade da Mangueira, em Messejana. Contudo, ao saberem que no local havia muitos integrantes da facção rival **CV** supostamente armados, desistiram do confronto direto e optaram pelo ataque ao "Forró do Gago".

Cidade

"Nitro Night", localizado na comunidade da Mangueira, em Messejana.

Fato é que, a despeito dessa barbárie, a atuação do **DHPP** da Polícia Civil do Estado do Ceará, com especial destaque à colaboração imprescindível do **NUIP/DHPP**, ou seja, a inteligência policial aliada à tecnologia, após um trabalho complexo e minucioso de mineração de dados, possibilitou a identificação e localização de todos os responsáveis pela Chacina, inclusive os que se encontravam foragidos em outros estados da Federação. Foi o caso, por exemplo, da prisão de Fernando Alves de Santana, cognominado "Robin Hood" ou "Baiano", preso no estado da Bahia, numa ação conjunta das Polícias Civis do Ceará e da Bahia.

Outrossim, as informações ora apresentadas, extraídas do relatório final das investigações procedidas pela Polícia Civil do Ceará, por intermédio do **DHPP**, permite-nos entender, ainda que de maneira geral, como foi planejada e executada a maior Chacina ocorrida no Estado do Ceará. De igual maneira, possibilita-nos, ainda, conhecer a estruturação da facção criminosa **GDE**, alvo das investigações, assim como a motivação de grande parte dos homicídios ocorridos em território estadual: a disputa entre organizações criminosas rivais, tendo como pano de fundo o domínio do território para a prática da mercancia ilícita de entorpecentes e ampliação dos lucros.

Destaque-se também, como já citado, que a média de idade das vítimas – ainda que tenham sido atingidas de modo aleatório – foi de 29 anos. Quanto aos criminosos, dentre indivíduos presos e apreendidos, essa média foi de 19 anos de idade. Ou seja, mais uma vez, agora tendo como plataforma de estudo um caso concreto emblemático de grandes proporções, tem-se o mesmo público juvenil aparecendo como autor e vítima de **CVLIs**.

Indiciamentos realizados pela Polícia Civil do Estado do Ceará - DHPP

Isto posto, delimitada a autoria, materialidade e circunstâncias, entendo existirem, desde já, argumentos irrefutáveis em desfavor de DEIJAIR DE SOUZA SILVA ("DE DEUS" ou "BEDECA"), nascido em 10.11.1988, filho de Rita de Souza Silva e Joaquim Fragozo da Silva, NOÉ DE PAULA MOREIRA ("GRIPE SUÍNA"), nascido em 02.01.1984, filho de Rocilda Paula Moreira e João Galdino Moreira, AURICÉLIO SOUSA FREITAS ("CELIM DA BABILÔNIA" ou "IRMÃO CL"), nascido em 08.04.1983, filho de Rita de Cássia Freitas e Maurício Pereira de Sousa, ZAQUEU OLIVEIRA DA SILVA ("PAI" ou "MACUMBEIRO"), nascido em 18.11.1981, filho de Francisca de Assis da Silva e pai não declarado, MISAEL DE PAULA MOREIRA ("PSICOPATA" ou "MAGUIM"), nascido em 16.09.1991, filho de Rocilda Paula Moreira e João Galdino Moreira, RENNAN GABRIEL DA SILVA ("BIEL" ou "RG"), nascido em 24.03.1998, filho de Maria Socorro Cesário da Silva e pai não declarado, FRANCISCO KELSON FERREIRA DO NASCIMENTO ("SUSTO", "CARNIFICINA", "9mm" e "OKLEY"), nascido em 27.04.1995, filho de Maria Darci Ferreira e Alcimar Ribeiro do Nascimento, JOEL ANASTÁCIO DE FREITAS ("GASPAR"), nascido em 04.11.1999, filho de Francisca Antônia Anastácio de Freitas, RUAN DANTAS DA SILVA ("RD" ou "PH"), nascido em 07.09.1998, filho de Giuliane Dantas Rocha e Renoldo Teixeira da Silva, e FERNANDO ALVES DE SANTANA ("ROBIN HOOD" ou "BAIANO"), nascido em 06.03.1992, filho de Maria Edna Gonçalves da Silva e Joceval Alves de Santana, o que

> permite indiciá-los por terem praticado, em concurso de pessoas (**Art. 29**, CP), os ilícitos de múltiplos homicídios, tentados e consumados, qualificados por motivo torpe e por impossibilitar a defesa do ofendido (**Art. 121**, §2º, inc. I e IV do CP), em continuidade delitiva (**Art. 71**, §1º), organização criminosa (**Art. 2º**, §4º, I da lei 12.850/13) e corrupção de menores (**Art. 244-B**, da lei 8.069/90), como também indiciamos estes dois últimos e AYALLA DUARTE CAVALCANTE, nascido em 18.02.1996, filho de Maria das Dores Duarte da Silva e Inácio da Cunha Cavalcante, pela prática do crime de incêndio (**Art. 250**, CP) em concurso com fraude processual (**Art. 347**, parágrafo único, CP).
>
> Retirado do inquérito policial

Obviamente que a "Chacina das Cajazeiras" foi um episódio lamentável que resultou na subtração brutal de muitas vidas, provocando dor e sofrimento a várias famílias, bem como um clima de grande pavor à toda sociedade.

A outra face desse infeliz evento foi demonstrar que somente com o efetivo fortalecimento da inteligência policial, representada na atual estrutura estatal pelas Polícias Judiciárias, seja em nível estadual, com as Polícias Civis, ou Federal, por intermédio da Polícia Federal, torna-se viável a eficaz repressão qualificada a tais eventos criminosos com a consequente responsabilização penal dos infratores. Em alguns casos, pode-se até contar com a atuação policial preventiva a ataques criminosos de grandes proporções como a "Chacina das Cajazeiras".

É fato que, com uma Polícia Judiciária robustecida, equipada, valorizada e porque não dizer autônoma, mais do que a repressão criminal, tornar-se-ia possível antever situações de grande dano social – não somente relacionadas a crimes contra a vida, mas também, por exemplo, atinentes à corrupção –, possibilitando uma intervenção estatal preventiva em prol do interesse público, minorando custos, dor e sofrimento ao tecido social, sobretudo àqueles integrantes das classes menos favorecidas e mais dependentes dos equipamentos e serviços públicos ofertados pelo Estado.

Igualmente, somente com investimentos notadamente nas Polícias Judiciárias, tendo como focos prioritários o elemento humano, a inteligência policial e a tecnologia, se torna possível o esfacelamento das organizações criminosas, alcançando os seus chefes e não unicamente os integrantes da base dessas organizações, como visto, formadas, em sua grande maioria, por jovens vulneráveis sócio e economicamente e facilmente substituíveis.

Assim, o fortalecimento das Polícias Judiciárias (orgânico/ estrutural, por exemplo, concedendo-lhe autonomia funcional, administrativa e financeira, bem como a implementação de prerrogativas funcionais aos seus membros para uma atuação mais segura em benefício da coletividade) inevitável e indiscutivelmente se apresenta como uma imprescindível política pública a ser adotada quando o escopo é o eficiente combate à criminalidade e alcance da paz social.

Diferente disso, negligenciar investimentos sérios à Polícia Judiciária e não garantir a sua autonomia é sim corroborar com baixas taxas de resolubilidade criminal e dificultar sobremaneira o combate efetivo aos crimes relacionados à corrupção e à macrocriminalidade.

Nessa mesma esteira de raciocínio, "nota-se que a velha política de segurança pública de tentar combater o crime com medidas clássicas, tais como aumento do número de Policiais Militares, não funciona mais. O crime há muito tempo se organizou e, se o Estado não investir com inteligência na inteligência da Polícia Investigativa para que os criminosos sejam identificados e levados à justiça, de nada vai adiantar aumentar o efetivo da Polícia Militar nas ruas". (MAIA, 2018, p. 28-29)

Cidade

O Brasil é um dos únicos Estados democráticos do Ocidente, o qual possui instituições sólidas como o Ministério Público e o próprio Poder Judiciário, mas que a violência domina em todos os lugares. [...]. O Estado deve se espelhar em modelos comprovadamente de sucesso como o que resolveu o problema da violência em Nova Iorque e até na nossa vizinha sul-americana – e pobre como Fortaleza – Buenos Aires, nos quais a polícia investigativa, que no caso brasileiro é a Polícia Civil, foi prestigiada com investimentos em tecnologia, câmeras, bons laboratórios e um número de policiais que permita que os crimes sejam investigados de verdade e seus autores encontrados e punidos.

> Enquanto o Estado não investir vigorosamente na reestruturação e valorização da Polícia Civil, a criminalidade continuará crescendo na confortável sombra da ineficiência Estatal em combatê-la.

Como dito, é inegável que a Polícia Civil do Ceará, por intermédio do **DHPP**, teve destacada atuação no caso que ficou conhecido como a "Chacina das Cajazeiras". Em um breve lapso temporal, diante da alta complexidade do evento, cumpriu sua atribuição constitucional com primor e atendeu às expectativas da sociedade ao esclarecer, de maneira técnica e responsável, aspectos relacionados notadamente à autoria delitiva e motivação criminosa. De fato, como visto, a Polícia Civil do Ceará efetivamente contribuiu de modo ímpar para que todos os infratores fossem identificados, presos por representarem perigo concreto à ordem pública, e colocados devidamente à disposição do Poder Judiciário para julgamentos e respectivas responsabilizações criminais na medida das suas culpabilidades.

"Último preso pela Chacina das Cajazeiras pode ser condenado a mais de 300 anos de prisão"

Último foragido a ser preso pela Chacina das Cajazeiras, Auricélio Sousa Freitas, 35 anos, pode ser condenado a até 368 anos de prisão, caso pegue a pena máxima pelos crimes de que é acusado. Ele foi preso nesta quarta-feira, 11, em Fortaleza, acusado de envolvimento com as 14 mortes da maior chacina da história do Ceará, no bairro Cajazeiras, no dia 27 de janeiro deste ano. [...].

Cinco meses depois da morte das 14 vítimas no Forró do Gago, foram presos 11 adultos; um adolescente foi apreendido. Celinho, ao lado dos criminosos Deijair de Sousa Santos (De Deus), Zaqueu Oliveira da Silva (o H2O) e os irmãos Misael de Paula Moreira (o Afeganistão) e Noé de Paula Moreira (o Gripe Suína), formariam o grupo que ordenou a matança. [...].

Indiciados pelo ataque nas Cajazeiras, já haviam sido presos anteriormente Misael de Paula Moreira, 26; Deijair de Souza, 29; Noé de Paula Moreira, 34; Zaqueu Oliveira da Silva, 36; Pedro Paulo do Prado Sousa, 21; Rennan Gabriel da Silva, 20;

> Francisco Kelson Ferreira do Nascimento, 23; Ruan Dantas da Silva, 19, Fernando Alves de Santana, 26; Joel Anastácio de Freitas, 18; e adolescente, 17. São acusados como partícipes Ana Karine da Silva Aquino, 23; e Ayalla Duarte Cavalcante, 22.
>
> (O POVO, 2018d, *on-line*).

Imagem de Kid Júnior

Primeiros indivíduos, pertencentes à facção criminosa **GDE**, presos pela Polícia Civil do Ceará por participação na "Chacina das Cajazeiras"

Por derradeiro, a "Chacina das Cajazeiras" foi um episódio que marcou profundamente a literatura policial e, ao mesmo tempo, revelou três grandes e importantes vertentes.

Primeiramente, que a guerra entre as facções criminosas tem o condão de atingir, sobretudo, jovens de baixa renda, com pouca ou nenhuma escolaridade, que acabam matando, morrendo e sendo condenados a ter fatalmente suas vidas interrompidas, seja em razão do segregamento físico, decorrência natural da prisão, ou pela violenta e prematura morte propriamente dita.

Ademais, observou-se ainda, sobretudo após investigações policiais em torno da "Chacina das Cajazeiras", um gradativo esfacelamento da facção criminosa **GDE**. Isso se deu devido a um intenso e coordenado trabalho das forças de segurança do Estado, com destaque à atuação de delegacias especializadas componentes da estrutura organizacional da Polícia Civil do Ceará, a exemplo do **DHPP** e da **Draco**, responsáveis por colocar os principais chefes dessa organização criminosa – e também de outras facções - atrás das grades.

Mais que isso, a Polícia Civil, por meio de um trabalho minucioso, técnico e inteligente de investigação policial, vem subsidiando o Ministério Público e o Poder Judiciário com elementos indiciários robustos, possibilitando, assim, a eficiente promoção da responsabilização penal dos infratores por todos os horrendos e desumanos crimes cometidos.

Por fim, repise-se que somente com uma Polícia Judiciária estruturada e fortalecida se torna possível debelar sobretudo a macrocriminalidade, efetivando-se a justiça criminal de modo justo, igualitário e eficiente, garantindo-se verdadeiramente o resguardo aos direitos fundamentais do cidadão. Elimina-se, com isso, a triste e caótica realidade que vivemos de absoluto desrespeito aos direitos humanos, ocasionada pelo crime, que nós, policiais, combatemos diuturnamente em defesa da paz e da sociedade.

Imagem de Cícero Oliveira

Coletiva de imprensa para apresentação das primeiras prisões e apreensões realizadas pela Polícia Civil do Ceará durante as investigações policiais em torno da "Chacina das Cajazeiras". Na foto, da esquerda para a direita, Coronel PM Alexandre Ávila, à época Secretário Adjunto da Segurança Pública do Ceará; Delegado Federal André Costa, Secretário da Segurança Pública do Ceará e Delegado da Polícia Civil do Ceará Leonardo Barreto, Diretor do **DHPP**. Ao fundo, Policiais Civis lotados no **DHPP** que participaram das prisões/apreensões.

O DEPARTAMENTO DE HOMICÍDIOS E PROTEÇÃO À PESSOA – DHPP DA POLÍCIA CIVIL DO CEARÁ

Estrutura e Fluxograma de Investigação do DHPP/CE

As investigações em torno da Chacina das Cajazeiras ficaram sob a responsabilidade da Polícia Civil do Estado do Ceará, por intermédio do **DHPP**. Assim, tem-se que o **DHPP**/CE, pertencente à estrutura organizacional da Polícia Civil do Estado do Ceará, foi criado por meio da Lei Estadual n. 16.584, de 3 de julho de 2018. Antes disso, tratava-se de uma Divisão de Polícia criada mediante a portaria administrativa da lavra do Delegado Geral da Polícia Civil.

Atribuições do DHPP/CE

I - apurar os crimes dolosos contra a vida consumados, de autoria ignorada ou incerta, com tipificação prevista no **Art. 121** do Código Penal;

II - apurar os crimes dolosos contra a vida e latrocínios, consumados e/ou tentados, praticados em desfavor de servidores de carreira da Polícia Civil, Militares Estaduais, Perícia Forense e do Sistema Penitenciário do Estado do Ceará;

III - apurar o desaparecimento de pessoas, executar e/ou difundir pedidos de localização de pessoas desaparecidas;

IV - promover a cooperação com os demais organismos pertencentes a estrutura administrativa da Polícia Civil do Estado do Ceará, com as demais instituições vinculadas ao Sistema de Segurança Pública do Estado do Ceará, com o Poder Judiciário e com o Ministério Público do Estado do

Ceará para a prevenção e repressão qualificada aos crimes afetos a sua atribuição;

V - promover a cooperação com outras instituições pertencentes às Secretarias de Segurança Pública de outros Estados da Federação, quando necessário, para a prevenção e repressão qualificada aos crimes afetos a sua atribuição;

VI - promover a cooperação com o Departamento da Polícia Federal, quando necessário, para a prevenção e repressão aos crimes afetos a sua atribuição;

VII - produzir conhecimento de inteligência relacionado a sua atribuição, promovendo, quando necessário, o compartilhamento de informações, nos limites da lei, com outros órgãos inseridos no contexto da persecução penal, objetivando a prevenção e repressão integrada e qualificada ao crime de homicídio;

VIII - produzir e difundir encontros, palestras e seminários com caráter educativo e preventivo relacionados ao crime de homicídio;

IX - promover a proteção à pessoa por todos os meios legais disponíveis, inclusive por meio da educação e prevenção criminal, notadamente relacionada aos crimes afetos a sua atribuição;

X - exercer outras atividades próprias de Polícia Judiciária, afetas a sua competência, definidas em leis e regulamentos afins.

(**Art. 2º** da Lei n. 16.584/18. In.: CEARÁ, 2018, p. 1).

Ainda de acordo com a Lei n. 16.584/18, compõem a estrutura organizacional do **DHPP** os seguintes setores: I) Núcleo de Inteligência; II) Unidade Central de Expediente e Cartório (Cartório Central); III) Unidade Central Operacional (Núcleo Operacional); e IV) Doze Delegacias de Homicídios e Proteção à Pessoa, sendo dez delegacias com atribuições nas áreas circunscricionais territoriais coincidentes com as áreas integradas de segurança em que a capital foi dividida (**AIS** 1 a 10), uma delegacia com atribuição exclusiva para investigação de **crimes violentos letais intencionais** em que as vítimas sejam agentes de segurança pública (11ª Delegacia do

DHPP) e outra delegacia com atribuição exclusiva para investigação de desaparecimentos de pessoas (12ª Delegacia do **DHPP**).

Além dos setores acima referidos, o **DHPP**/CE possui, naturalmente, uma diretoria geral de onde emanam as diretrizes e estratégias inerentes às atividades de prevenção, investigação e repressão, realizadas pelas unidades orgânicas que lhes são subordinadas e também conta com dez equipes plantonistas responsáveis pelos atendimentos aos locais de crimes contra a vida ocorridos na capital e em mais oito cidades da região metropolitana, quais sejam: Aquiraz, Eusébio, Caucaia, Guaiúba, Maranguape, Pacatuba, Itaitinga e Maracanaú.

Nas figuras 3 e 4, apresenta-se o organograma do **DHPP**/CE e suas estruturas.

Figura 1 – Organograma geral do DHPP/CE

Fonte: Departamento de Homicídios e Proteção à Pessoa do Ceará (2018).

Figura 2 – Estrutura organizacional do DHPP/CE

Fonte: Departamento de Homicídios e Proteção à Pessoa do Ceará (2018).

Com essa estruturação, o **DHPP/CE** é composto, atualmente, por 165 policiais civis, sendo 26 delegados de polícia, 38 escrivães de polícia e 101 inspetores de polícia.

O fluxo de atendimento aos locais de crimes contra a vida e as investigações de **CVLIs** foram regulamentados inicialmente pela Portaria Normativa n. 399/2017 – **GS**. Mais recentemente, foi publicada a Portaria Normativa n. 1142/2019 – **GS** que também disciplinou a matéria, promovendo algumas pequenas alterações no fluxo anteriormente estabelecido.

Assim, uma vez tendo sido cometido um delito contra a vida na capital ou em quaisquer das oito cidades pertencentes à região metropolitana anteriormente listadas, há naturalmente o acionamento da **CIOPS** e, em ato contínuo, uma composição, geralmente da Polícia Militar, em regra a mais próxima ao local, é designada para confirmar a ocorrência do delito. Sendo confirmado o crime e constatado o óbito, a Polícia Civil é acionada, por intermédio da sua equipe especializada vinculada ao **DHPP**, juntamente com os profissionais da perícia, para o imediato comparecimento ao local do crime e início dos trabalhos investigativos.

Na cena do crime, policiais civis e equipe de perícia irão, de modo conjunto e complementar, proceder ao trabalho de levantamento e análise de vestígios, assim como a definição da dinâmica do crime, tudo com o escopo de instruir, com o máximo de elementos técnicos científicos, o inquérito policial a ser instaurado.

Os policiais civis do **DHPP**, comandados por um delegado de polícia, irão reunir a maior gama de informações acerca do delito buscando identificar a vítima, investigar sua vida pregressa, relacionamentos, traçar seu perfil social, entrevistar familiares, amigos, eventuais testemunhas oculares ou até mesmo suspeitos, bem como arrolar pessoas para serem inquiridas nos autos do inquérito policial que possam contribuir, de algum modo, com as investigações e o completo esclarecimento do fato criminoso.

O levantamento de todos os dados, realizado pela equipe de policiais civis que compareceram ao local de crime, é materializado em uma peça denominada **"Recognição Visuográfica de local de crime"** (DESGUALDO, 2006). Trata-se, de modo bastante objetivo, de um documento em que os investigadores registram os dados essenciais acerca da ocorrência e expressam, por meio de fotografias e considerações, suas impressões objetivas e subjetivas acerca do fato criminoso, com a finalidade de transportar para a cena do crime quem mantém contato com a referida peça, como se lá estivesse no momento do atendimento inicial daquela ocorrência.

Dessa forma, a cognição de indícios em locais de crimes e demais circunstâncias devem, em conexão única, formar o conjunto indiciário, para assim trazer aos autos a correta interpretação da prova e da autoria. Germinará, neste passo, a ideia vivenciada pelo pesquisador (Delegado de Polícia), resumindo-a, graficamente, em uma única peça, cujo escopo é revelar circunstâncias e fatos, desde a motivação do delito até o seu desfecho. (DESGUALDO, 2006, p. 23-24)

A **Recognição Visuográfica** é um neologismo formado pelas palavras:

RECOGNIÇÃO (do latim "*recognitio*");
VISUAL (do latim "*visualis*"), relativo à vista, visório; que assimila melhor as noções de conhecimento pela vista do que pelo ouvido;
GRAFIA é a técnica do uso da linguagem como comunicação escrita ou por ideogramas.

Temos, assim, um conhecimento visual do que fora pesquisado, traduzido graficamente. Não deixa de ser uma anamnésia do crime, descrita, esquematizada e ilustrada fotograficamente.

A **Recognição Visuográfica** traz em seu bojo desde o local, hora, dia do fato e da semana como também condições climáticas então existentes, além de acrescentar subsídios coletados junto às testemunhas e pessoas que tenham ciência dos acontecimentos. Traz ainda à colação minuciosa observação sobre o cadáver, identidade, possíveis hábitos, características comportamentais sustentadas pela vitimologia, além de croqui descritivo, resguardados os preceitos estabelecidos no **Artigo** 6º, I, do Código de Processo Penal. A ideia é a de que tudo isto, somado a outros subsídios, seja trasladado para o bojo da **Recognição de Local de Crime**. A peça não possui as limitações de um laudo, portanto o pesquisador carreia para ele muito de sua experiência e militância profissional, e pode ser complementada, na coincidência dos detalhes, pela confissão do criminoso. Após sua elaboração, e para a correta interpretação, aplicam-se os pensamentos indutivos, dedutivos, abdutivos e analógicos, que indicarão, com certeza, o caminho a ser trilhado. A **Recognição Visuográfica**, portanto, nasce da observação. (DESGUALDO, 2006, p. 23-24)

O DHPP/CE em números

No comparativo dos anos de 2016, 2017 e 2018 (Figura 18), o **DHPP/CE** ampliou gradativamente a quantidade de casos solucionados envolvendo **CVLIs** e prisões qualificadas relacionadas a tais crimes. Visualiza-se a evolução da produtividade nesses últimos três anos:

Figura 3 – Inquéritos concluídos e relatados de homicídios

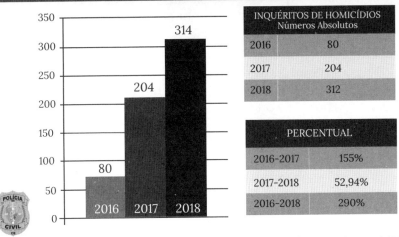

Fonte: Departamento de Homicídios e Proteção à Pessoa do Ceará (2018).

Do mesmo modo, o número de prisões qualificadas (por crimes graves, a exemplo de homicídios, feminicídios, latrocínios, tráfico ilícito de entorpecentes e por integrar organizações criminosas) experimentou também uma alta significativa no período (Figura 19).

Figura 4 – Inquéritos concluídos e relatados de homicídios

Fonte: Departamento de Homicídios e Proteção à Pessoa do Ceará (2018).

Alguns fatores reputam-se cruciais para esses aumentos, tanto de resolubilidade quanto do número de prisões qualificadas por parte do **DHPP/CE**.

Em suma, o tripé "efetivo, gestão e uso da tecnologia com inteligência policial" define muito bem essa receita de sucesso.

Assim, a **SSPDS/CE**, por meio da Portaria n. 399/2017-**GS**, primeiramente inverteu o fluxo de investigação dos **CVLIs**. Antes, o **DHPP** atendia os locais de crime na capital e grande parte da região metropolitana e imediatamente encaminhava os inquéritos policiais aos distritos policiais ou delegacias metropolitanas das áreas em que os crimes tinham ocorrido. Apenas se a investigação restasse infrutífera é que o procedimento, após solicitação de dilação de prazo para continuidade das investigações, era encaminhado à delegacia especializada (**DHPP**) para conclusão.

Nesse trâmite, na prática, os inquéritos policiais que apuravam **CVLIs**, posteriormente encaminhados ao **DHPP**, chegavam nas delegacias especializadas do departamento numa média de 60 a 90 dias após o fato criminoso, num total descompasso com um dos princípios básicos de investigação criminal, estampada na célebre frase de Locard, um dos precursores da criminalística francesa: "[...] tempo que passa é verdade que foge". (LOCARD *apud* VIEIRA, 2005, p. 6)

Ademais, como já destacado, foi criada na estrutura do **DHPP** a 11ª delegacia com atribuição específica de investigar casos em que figuravam como vítimas agentes de segurança pública. Criou-se ainda também a 12ª delegacia do **DHPP**, responsável por investigar desaparecimentos de pessoas.

Especificamente em relação à da 11ª delegacia do **DHPP**, nos moldes como foi formatada, revelou-se iniciativa pioneira no País, idealizada pelo Secretário da Segurança Pública e Defesa Social do Ceará, Delegado da Polícia Federal Dr. André Santos Costa. A medida surtiu efeitos positivos gradativos, alcançando, no ano de 2017, o percentual de 85% de esclarecimento dos casos sob sua responsabilidade e, no ano de 2018, esse percentual saltou para a incrível marca de 93% de resolubilidade. Na ordem inversamente proporcional, visualizou-se, comparando os anos de 2017 e 2018, um decréscimo considerável do número de vítimas policiais no Estado do Ceará de 27 para 13, representando uma queda de mais de 50%.

Outrossim, além da implementação de efetivo realizada no **DHPP**, que saiu de 83 policiais civis, em 2016, para os atuais 165, em 2019, e tomada de decisões gerenciais acertadas em nível de macrogestão, visualiza-se, ainda, o uso da tecnologia a serviço do trabalho de investigação policial, de igual maneira, como importante elemento a ser destacado como viabilizador do alcance desses números positivos em constante ascendência e que vem a calhar com os anseios da população por uma justiça criminal célere e eficiente, sedimentando terreno propício à proteção e livre fruição dos direitos e garantias fundamentais dos cidadãos.

Princípios Gerais Fundamentais de Investigação de Homicídios

Ainda sobre a atividade de polícia investigativa em uma cena de crime violento letal intencional, o caderno temático de referência sobre Investigação Criminal de Homicídios do Ministério da Justiça e Secretaria Nacional de Segurança Pública (**SENASP**) observa que, no Brasil, todo processo de investigação preliminar nas cenas de crimes de homicídio é conduzido pelo delegado de polícia. Cabe a ele coordenar o trabalho da equipe de investigação, determinando quais tarefas serão desempenhadas por cada um dos integrantes. [...].

Investigações

Enquanto o delegado acompanha a realização dos trabalhos periciais, registrando o máximo de informações possíveis, cabe aos demais integrantes da equipe de investigação o levantamento de dados sobre o crime, bem como a localização de possíveis testemunhas ou suspeitos. Essas pessoas devem ser identificadas e preliminarmente entrevistadas, para que seja possível determinar quais efetivamente possuem informações sobre o caso. [...].

Em locais de crime, uma lógica bastante simples orienta a identificação e a intimação de possíveis testemunhas para o caso: em geral, as equipes de investigação procuram "testemunhas do fato" e "testemunhas de caráter". As testemunhas do fato criminoso em si poderão fornecer informações sobre a autoria do homicídio, bem como sobre a dinâmica do delito (quem são os autores, como o crime

> foi praticado, a hora e o local exato do homicídio etc.). Já as "testemunhas de caráter" (geralmente familiares, parentes e amigos próximos) podem fornecer informações sobre as circunstâncias que motivaram o crime. [...].
>
> Além da identificação de possíveis testemunhas ou suspeitos, cabe à equipe de investigação zelar pela idoneidade dos vestígios materiais presentes na cena do crime. Isso inclui identificar qualquer procedimento adotado pelos profissionais de segurança pública que atenderam à ocorrência que, involuntariamente, possam ter contaminado a cena. [...].
>
> Outro aspecto a ser levado em consideração em uma cena de crime é a possível prisão de suspeitos. Quando isso ocorre, a instrução é para que ele seja imediatamente retirado da cena de crime. Primeiro, para preservar a segurança do ambiente e do próprio suspeito; segundo, para evitar qualquer contaminação (intencional ou não) dos vestígios existentes na cena do crime ou mesmo no próprio suspeito.
>
> (BRASIL, 2014, p. 43-45).

É inegável que, em matéria de investigação de **crimes violentos letais intencionais**, por ser tratar de uma atividade técnica especializada e não meramente empírica, o investigador deve ter plenamente sedimentado, antes de encetar qualquer investigação, respostas às questões do tipo: **Por onde devo começar? Qual caminho percorrer? O que deve ser considerado? Em que momento parar?**

Importante é destacar que, justamente por ser uma atividade técnica especializada, a investigação em torno de um crime violento letal intencional é sempre uma obrigação de meio e não de resultado. Os investigadores têm a obrigação de empregar, no curso das investigações, todas as técnicas e métodos de investigação com o fito de desvendar autoria, motivação criminosa e demais circunstâncias relevantes em torno do crime investigado, formalizando tais diligências no bojo do inquérito policial. Contudo, não têm obrigação de, a despeito do emprego dessas técnicas e métodos investigativos, efetivamente encontrar o culpado nem muito menos "um" culpado.

É comum, notadamente quando da ocorrência de **crimes violentos letais intencionais** de grande repercussão – a exemplo dos que envolvem crianças como vítimas e chacinas, como a das "Cajazeiras" – rapidamente surgirem "investigadores especialistas" de plantão sugerindo linhas de investigação, uma motivação ou até mesmo apressadamente um "culpado", cobrando respostas rápidas da polícia no sentido de confirmar ou não as elucubrações feitas sem quaisquer critérios técnicos, muito menos responsabilidade.

Assim, nos **crimes violentos letais intencionais**, o rastro do crime, tecnicamente denominado de vestígio, é o único caminho seguro a ser percorrido pelos investigadores. De igual modo, a vítima deve ser foco central e ponto de partida para o início das investigações. Dessa maneira, o local do crime ganha especial relevância nas investigações de crimes dessa natureza.

Nesse sentido, o caderno temático de referência sobre Investigação Criminal de Homicídios do Ministério da Justiça e Secretaria Nacional de Segurança Pública destaca que, se há algum paradigma unanimemente aceito na investigação de homicídios, este faz referência à imensa importância que os trabalhos de coleta de dados e informações realizados nas cenas de crime têm para todo o processo de apuração. Isso porque, especialmente no caso dos homicídios, o local do crime condensa quase todos os elementos subjetivos e objetivos que irão não apenas consubstanciar a materialidade do delito, como também caracterizar a dinâmica do fato e, em muitos casos, fornecer fortes indícios sobre a autoria.

Isto porque a cena do crime pode ser a única oportunidade de coletar vestígios absolutamente essenciais à plena elucidação do delito. Os vestígios físicos coletados em cenas de crime de homicídios possuem potencial de orientar toda uma investigação. A plena realização deste potencial, no entanto, depende inteiramente das providências tomadas pela polícia já nos primeiros instantes em que ela toma conhecimento do crime e se dirige ao local dos fatos. (BRASIL, 2014, p. 37-38).

Com efeito, é natural a importância dada ao isolamento e preservação da cena do crime. Porém, antes mesmo dessas duas providências, não se pode olvidar que o primeiro profissional de segurança pública deve atentar para a segurança do local – pois a presunção inicial deve ser a de que o crime pode ainda estar em andamento e/ou os autores presentes nas imediações do local – e, na sequência, havendo avaliação de que o perímetro se encontra seguro, com o mínimo de contaminação do local, deve haver verificação se há alguém com vida no local. Em caso positivo, o socorro às vítimas deve ser realizado posto que a preservação da vida, por óbvio, tem precedência sobre todas as demais ações numa cena de crime. Em caso negativo, não havendo vítimas a serem socorridas, aí então é providenciado o isolamento e a preservação do local.

Uma vez esgotadas todas as diligências investigatórias e periciais na cena do crime, cabe ao delegado de polícia a decisão de proceder a liberação do local. Com as informações colhidas no local do crime, proceder-se-á a instauração do inquérito policial a fim de ser dado continuidade, pela investigação de seguimento, aos trabalhos de polícia judiciária iniciados. Nesse sentido, apoia-se novamente na doutrina externada pelo caderno temático de referência sobre Investigação Criminal de Homicídios do Ministério da Justiça e Secretaria Nacional de Segurança Pública, visto que a decisão de liberar a cena do crime deve ser tomada após o término de todos os levantamentos periciais e quando o delegado, que coordena as ações de investigação, tiver absoluta certeza de que, na medida do possível, não deixou nenhum vestígio sem ser coletado, ou testemunha sem ser identificada e entrevistada. A liberação da cena do crime antes que sejam esgotadas todas as providências da investigação preliminar pode prejudicar sensivelmente a investigação de seguimento. (BRASIL, 2014, p. 51).

Em suma, os cinco fatores considerados essenciais para se obter qualidade numa investigação preliminar são: a) rápida chegada das equipes de profissionais de segurança pública ao local do fato – diminuição do "período do imponderável" (lapso temporal entre o cometimento do crime e a chegada dos primeiros profissionais de segurança pública ao local); b) completo isolamento e adequada preservação da cena do crime; c) realização de rápidas diligências nos arredores do local do delito objetivando a prisão imediata do autor do crime; d) dinâmico arrolamento e entrevista preliminar de testemunhas presenciais e circunstanciais do fato; e e) acompanhamento detalhado de todas as perícias que são realizadas no local do crime e no corpo da vítima.

Uma vez adotados todos os procedimentos acima referidos no atendimento a um local de crime e ainda assim não se chegar à identificação ou até mesmo, prisão do autor, tem-se o que se denominou de **"Investigação de Seguimento"**. Conforme a Portaria Normativa n. 399/2017-**GS** e a Portaria Normativa n. 1142/2019-**GS**, uma vez atendido o local de crime por uma das equipes plantonistas do **DHPP**, o respectivo inquérito policial é imediatamente instaurado e a investigação de seguimento, no caso do crime ter sido praticado na capital, passa a ser de atribuição de uma das dez delegacias de homicídios e proteção à pessoa, conforme a área integrada de segurança (**AIS**) a que pertença o local em que o crime tenha sido cometido. Por exemplo, um homicídio ocorrido no bairro Vicente Pinzón, em Fortaleza/Ce, em razão deste fazer parte da Área Integrada de Segurança 01, será investigado pela 1ª Delegacia de Homicídios e Proteção à Pessoa do **DHPP**.

Já na hipótese de crimes ocorridos em um dos municípios da região metropolitana atendidos pelo **DHPP**, após o comparecimento das equipes especializadas ao local do crime e instauração do inquérito policial, este é remetido imediatamente às respectivas delegacias metropolitanas que, em regra, conduzirão, por conta própria, as investigações de seguimento.

Ainda na capital, quando o caso não envolver, em princípio, temas considerados de interesse de atuação das delegacias especializadas vinculadas ao **DHPP/CE**, há permissão normativa que o referido inquérito policial seja remetido às delegacias distritais para que estas atuem nas investigações de seguimento. Conforme Portaria n. 1142/2019-**GS** são de interesse de atuação do **DHPP** os crimes de homicídio e latrocínio quando:

I - praticados em desfavor de servidores de carreira da Polícia Civil, Militares Estaduais, Perícia Forense e do sistema penitenciário do Ceará, nos crimes consumados e/ou tentados;

II - ocorrer chacinas, assim consideradas as ocorrências com três ou mais vítimas fatais;

IV - houver indício de motivação racial, de ódio ou intolerância, nos crimes consumados;

V - existir indício de atuação de grupos de extermínio, organizações criminosas, torcidas organizadas ou motivação política, nos crimes consumados;

VI - houver grande repercussão social, nos crimes consumados. (CEARÁ, 2019c, p. 144).

Com efeito, durante as investigações de seguimento há diversos métodos que podem ser empregados com o objetivo de desvendar a autoria, revelar a motivação criminosa e esclarecer todas as demais circunstâncias delitivas relevantes para a completa elucidação dos fatos criminosos sob a investigação. Não sendo a finalidade central o estudo detalhado de tais métodos, passa-se adiante apenas a mencioná-los, acompanhados de breves explicações acerca de cada um deles.

Assim, o método "**M.U.M.A.**" é uma sequência lógica de produção de informações que o investigador irá seguir, consistindo em descobrir a mecânica do crime, os últimos passos da vítima, a motivação e a autoria do delito (BRASIL, 2014).

Outro método de investigação de homicídios é o rastejamento. A palavra "rastejamento" é, na verdade, "[...] uma analogia entre a prática da investigação criminal e o ato de rastejar, de seguir o rastro, de indício a indício" (BRASIL, 2014, p. 56).

Método Rastejamento

1. Partir de um elemento conhecido: no caso dos homicídios, pode ser o próprio cadáver, ou simples vestígio [...].

2. Submeter este elemento conhecido à observação e análise: o estudo criterioso do elemento inicial permite a obtenção dos primeiros dados sobre o problema que está sendo investigado [...].

3. Formular hipóteses: a observação e análise inicial dos dados obtidos permitirão a formulação de algumas hipóteses sobre o que ocorreu. Logo, a equipe de investigação já terá uma noção sobre quais delas são mais prováveis e como terá que proceder para confirmá-las ou refutá-las.

4. Coletar e analisar dados para verificação das hipóteses: o processo de coleta de informações segue de maneira encadeada, de modo que uma informação deve levar à outra. A análise desses dados e informações leva à confirmação ou à refutação de algumas hipóteses intermediárias, que devem ser ordenadas de maneira lógica para construir a hipótese maior sobre a dinâmica e autoria do crime.

5. Chegar à apuração do fato: Após colher as informações necessárias e conseguir formular uma cadeia ordenada de indícios, a equipe de investigação deve concluir a investigação, apresentando seu processo de apuração, os elementos objetivos e subjetivos obtidos, as conclusões definidas a

> partir do teste das hipóteses e, por fim, a teoria que será capaz de reconstruir o fato investigado.
>
> (RIBEIRO, 2006 apud BRASIL, 2014, p. 56)

Desta feita, esse percurso ilustra basicamente que a lógica que sustenta o **Método do Rastejamento**, com uma informação levando à outra, até que seja possível construir um quadro mais amplo e, ao mesmo tempo, aprofundado do crime que está sendo investigado. [...]. Ao final do processo, espera-se que a equipe de investigação esteja apta a formular conclusões e oferecer todo o conjunto probatório ao escrutínio de um júri. (BRASIL, 2014, p. 58).

Já o **Método dos "Círculos Concêntricos"** é bastante utilizado em unidades policiais norte-americanas e consiste, basicamente, em um modelo lógico de pensamento e ordenação da vida da vítima (da qual geralmente emanam todas as circunstâncias e motivações para os crimes de homicídio) em esferas de relacionamento. Segundo esse raciocínio, a vítima é considerada o centro de uma série de círculos que se sobrepõem a ela, de modo concêntrico. Os círculos mais próximos ao centro são os relacionamentos sociais mais próximos da vítima (família, por exemplo); já os mais distantes representam os vínculos relacionais mais frouxos, por assim dizer (relacionamentos sociais esporádicos). (BRASIL, 2014, p. 58). A lógica é encontrar o elo entre a morte de determinada pessoa e algum conflito ou desentendimento ocorrido dentro de um desses círculos de relacionamento (DOREA, 1995).

Por fim, numa investigação de seguimento, pode-se ter ainda a aplicação do **Método da "Detonação"**. O termo **"Detonação"**, que dá nome a esta metodologia, é uma analogia aos processos de mineração que fazem uso de explosivos para extrair pedras preciosas de locais de difícil acesso. No caso da investigação policial, a **"Detonação"** é uma referência ao uso de práticas invasivas, como a infiltração ou a busca e apreensão, para a obtenção de informações que dificilmente seriam obtidas por meio de técnicas mais sutis. (BRASIL, 2014, p. 59).

Uma vez acessados os dados por via dessas práticas invasivas, passa-se à fase da mineração desses dados para, após filtragem, analisá-los de modo focado, de acordo com os objetivos da investigação.

Após aplicação desses métodos, naturalmente ocorre que algumas hipóteses iniciais se confirmam e outras acabam sendo refutadas e a investigação segue evoluindo e se retroalimentando positivamente até seu amadurecimento e conclusão do caso quando então é reunido, finalmente, um arcabouço sólido e harmônico de indícios que fundamentarão a decisão pelo indiciamento de alguém em razão do cometimento de determinado fato criminoso, tudo pormenorizado em relatório final confeccionado pela autoridade policial, leia-se, delegado de polícia.

Importante destacar que tais métodos não são ilhas isoladas em que a polícia judiciária deve necessariamente, em cada caso, escolher somente um e desenvolver suas investigações nesse sentido até o fim. Trata-se de princípios de investigação criminal que podem ser miscigenados e utilizados ou concomitantemente ou sequencialmente em uma única investigação, pois o objetivo último desta é, por meio do uso de tais métodos, ser a mais eficiente possível. No campo das investigações de homicídios, é desvendar em um menor lapso temporal possível quem foi o(a) autor(a) do assassinato e comprovar a materialidade (de maneira direta ou indireta), assim como eventuais outras circunstâncias relevantes em que crime investigado esteja envolto, atendendo, assim, plenamente os interesses públicos supremos.

OS PERFIS DOS CRIMES VIOLENTOS LETAIS INTENCIONAIS (CVLIS)

O perfil das vítimas de CVLIs em Fortaleza/Ce

O cenário da Segurança Pública na cidade de Fortaleza/CE, no ano de 2018, seguindo a mesma tendência em nível nacional, revelava, de modo geral, um quadro extremamente preocupante na medida em que se fundiam fatores drásticos com reflexos danosos à sociedade. Assim, tem-se o aumento significativo dos crimes de homicídio, ampliação e fortalecimento das organizações criminosas, inchaço/descontrole do sistema carcerário e negligência generalizada aos direitos e garantias fundamentais. Tais elementos fizeram parte de um novelo intrincado que merecem ser correlacionados, a fim de se entender melhor as (principais) causas desse fenômeno.

Com relação aos números de **CVLIs**, especificamente em Fortaleza, é interessante imergir na temática e entendê-la de modo endógeno. Porém, antes disso, no cômputo geral, tem-se o seguinte panorama dos três últimos anos em relação a **CVLIs**, segundo dados da **SSPDS/CE**, apresentados na Tabela 1, a seguir.

Tabela 1 – Número de vítimas de CVLIs		
CVLI		
Ano	**Ceará**	**Capital**
2016	3.407	1.007
2017	5.133	1.979
2018	4.518	1.482

Fonte: Secretaria da Segurança Pública e Defesa Social do Estado do Ceará (2018).

Visualiza-se que, tanto em Fortaleza quanto no estado do Ceará, de 2016 para 2017, houve um recrudescimento significativo no número de vítimas de **CVLIs**, acompanhado de uma queda, também considerável, na comparação dos anos de 2017 com 2018. Em todos os cenários, contudo, o número de vítimas era absurdamente alarmante.

Fazendo um estudo de georreferenciamento mais acurado em relação aos **CVLIs** ocorridos na capital do Ceará, detectou-se que não há uma explosão de homicídios, mas sim, tecnicamente, uma implosão destes. Explica-se.

De acordo com os dados da **Figura 5**, a seguir, visualiza-se que, em 2018, do total das 1.452 vítimas de **CVLIs**, cujos respectivos locais receberam atendimento especializado do **DHPP** em Fortaleza/CE, 443 delas, ou seja, mais de 30%, foram mortas em apenas 10 bairros da capital.

Figura 5 – Vítimas por bairros em Fortaleza/CE

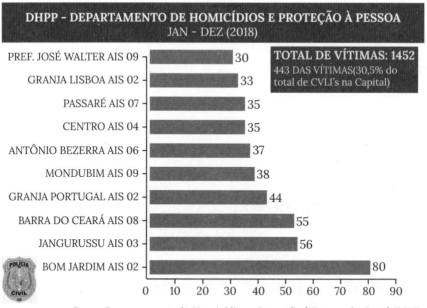

Fonte: Departamento de Homicídios e Proteção à Pessoa do Ceará (2018).

A **AIS 02** chama atenção na medida em que é a única a possuir três bairros, dentre os dez com maiores incidências de **CVLIs** na capital, quais sejam: Bom Jardim (80 vítimas), Granja Portugal (44 vítimas) e Granja Lisboa (33 vítimas). De fato, a região da **AIS 02** deve ser vista de modo especial, haja vista a considerável concentração de ocorrências especificamente nessa área da cidade. É que somente na **AIS 02** foram registradas 230 vítimas de **CVLIs** dentro do universo de 1452 em toda a capital no ano de 2018, representando, sozinha, 15,84%. Acompanhe-se, a seguir, o gráfico da distribuição de **CVLIs** entre as **AIS** na capital (**Figura 6**).

Figura 6 – Vítimas por AIS em Fortaleza/CE

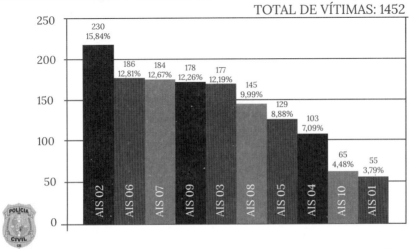

Fonte: Departamento de Homicídios e Proteção à Pessoa do Ceará (2018).

AIS 02

[...] as investigações das forças de segurança revelaram que os bairros do Grande Bom Jardim têm 22 comunidades, onde atuam três organizações criminosas: Guardiões do Estado, Comando Vermelho e Primeiro Comando da Capital. A rivalidade entre essas facções está diretamente ligada à alta taxa de assassinatos. A região também registrou grande quantidade de ataques criminosos em janeiro. Ônibus e até mesmo um carrinho de churros foram incendiados. Uma tentativa de incêndio a posto de combustível também foi registrada. Entre os presos transferidos do Ceará para o Sistema Penitenciário Federal, no mês passado, estava

> Antônio Edinaldo Cardoso de Sousa, conhecido como Naldinho do Bom Jardim. Ele é acusado de homicídios e de liderar o Comando Vermelho na área [...].
>
> (TV JANGADEIRO, 2019a, *on-line*).

Para uma melhor visualização em relação à localização de cada um desses dez bairros no território de Fortaleza/Ce, tem-se, a seguir, o mapa da capital – dividido com as dez **AIS** (Figura 7). Destaque-se ainda que do universo dos dez bairros mais violentos, com exceção do Centro, todos os outros estão inseridos em regiões periféricas e/ou apresentam sinais visíveis de desorganização social, predominância de baixa renda da população residente, além de ser perceptível na totalidade ou em grande parte dos seus territórios a falta de intervenção social estatal de qualidade.

Figura 7 – Mapa das AIS de Fortaleza/CE

Fonte: Departamento de Homicídios e Proteção à Pessoa do Ceará (2018).

Quando se faz o recorte das vítimas de **CVLIs** por sexo, ratifica-se a conclusão de que o público masculino é o mais afetado. Chama-se, contudo, a atenção também para o gradativo crescimento do número de mulheres vítimas de **CVLIs**. No entanto, o estudo dos fatores que podem estar vindo a ocasionar esse fenômeno transcende o objetivo desta abordagem. Acompanhe-se a **Tabela 2**.

Tabela 2 - Número de vítimas de CVLIs por sexo no Ceará e na Capital

Território	Ano	Feminino	Masculino	Não informado	Total geral
Ceará	2016	210	3.191	6	3.407
Ceará	2017	363	4.765	5	5.133
Ceará	2018	463	4.055	0	4.518
Capital	2016	54	953	0	1.007
Capital	2017	121	1.856	2	1.979
Capital	2018	198	1.284	0	1.482

Fonte: Secretaria da Segurança Pública e Defesa Social do Estado do Ceará (2018).

Com relação à escolaridade das vítimas de **CVLIs**, nota-se que a esmagadora maioria sequer concluiu o Ensino Fundamental, representando 54,71% das vítimas nessa condição. Acompanhe-se a **Figura 8**.

Figura 8 - Escolaridade das vítimas em Fortaleza/CE

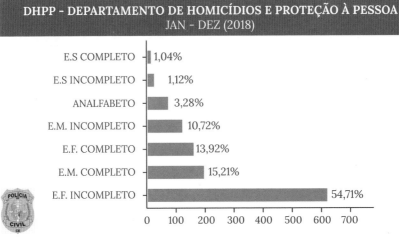

Fonte: Departamento de Homicídios e Proteção à Pessoa do Ceará (2018).

Quanto aos dias da semana (**Figura 9**) e horários (**Figura 10**) de maior incidência de **CVLIs** em Fortaleza/Ce, os números apontam que sábado à noite é o mais crítico, registrando o maior número de eventos relacionados aos **CVLIs** durante o ano de 2018.

Figura 9 – Índice de CVLIs por dias da semana em Fortaleza/CE

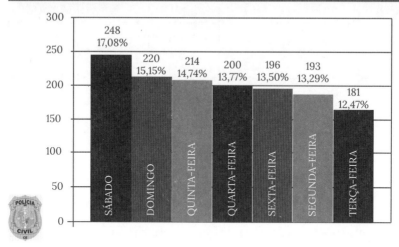

Fonte: Departamento de Homicídios e Proteção à Pessoa do Ceará (2018).

Figura 10 – Horários dos crimes em Fortaleza/CE

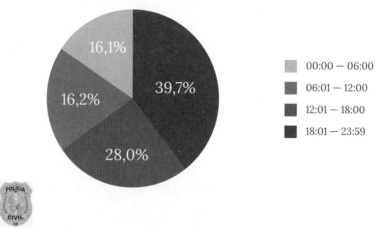

Fonte: Departamento de Homicídios e Proteção à Pessoa do Ceará (2018).

Com relação à motivação criminosa, preliminarmente, ou seja, com base nos levantamentos iniciais colhidos em sede de atendimento especializado aos locais de crime realizado pelas equipes do **DHPP/CE**, observa-se a rixa entre grupos criminosos rivais e questões relacionadas às drogas ilícitas como motivos preponderantes, representando 50,41% e 31,33%, respectivamente (**Figura 11**).

Figura 11 – Provável motivação dos CVLIs ocorridos em Fortaleza/CE

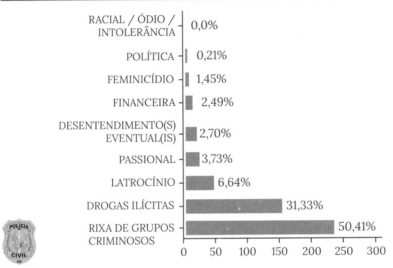

Fonte: Departamento de Homicídios e Proteção à Pessoa do Ceará (2018).

O recorte etário das vítimas de **CVLIs** em Fortaleza/Ce, no ano de 2018, permite concluir que o público juvenil é o mais afetado, representando, na faixa etária de 12 a 29 anos, 864 vítimas num universo total de 1.482, o que equivale a 58,2%. Enquanto isso, os adultos, considerados estes na faixa etária de 30 a 64 anos, totalizaram 498 vítimas, representando 33,6%. Por fim, em relação aos idosos, considerando-se estes acima dos 65 anos de idade, houve apenas 14 vítimas, representando somente 0,9% do total de vítimas de **CVLIs**. É o que se verifica na Tabela 3, a seguir, em números absolutos.

Tabela 3 – Número de vítimas de CVLIs por faixa etária no Ceará e na capital					
Faixa etária	**Ceará**			**Capital**		
	2016	2017	2018	2016	2017	2018
0 até 11 anos	8	16	8	2	5	5
12 até 17 anos	350	511	426	114	224	162
18 até 24 anos	1.007	1.638	1.413	335	673	475
25 até 29 anos	534	821	687	183	317	227
30 até 34 anos	408	580	536	107	210	185
35 até 64 anos	846	1.103	1.162	177	328	313
Acima de 65	63	65	79	5	11	14
Não Identificada	191	399	207	84	211	101
Total geral	3.407	5.133	4.518	1.007	1.979	1.482

Fonte: Secretaria da Segurança Pública e Defesa Social do Estado do Ceará (2018).

Nota-se, portanto, que os homicídios na cidade de Fortaleza/ Ce não afetam a sociedade de igual modo. Nesse contexto, é inegável que os jovens morrem mais. Outrossim, dentro desse recorte etário, não há também homogeneidade, posto que não são quaisquer jovens que são mais suscetíveis a serem vítimas de **CVLIs**, mas sim, como visto, jovens do sexo masculino, com baixo nível de escolaridade, moradores de bairros periféricos e tendo como motivação preponderante disputas entre grupos criminosos rivais e pelo território para a mercancia de drogas ilícitas.

Assim, traçado o perfil das vítimas de **CVLIs**, analisa-se, na sequência, o perfil dos infratores no mesmo período considerado. Faz-se isso a partir de recortes realizados dentro do universo de presos capturados pelo **DHPP/CE** em decorrência das investigações procedidas nos inquéritos policiais trabalhados pelos delegados de polícia que estavam à frente das delegacias vinculadas à estrutura do referido Departamento de Polícia.

O perfil dos presos por CVLIs em Fortaleza/Ce

O perfil dos 364 infratores, cujas prisões via cumprimento de mandado ou formalização dos autos de prisões em flagrante delito foram realizadas por meio do **DHPP**, no ano de 2018, visualiza-se, quanto ao recorte relacionado ao sexo, que 93,96% são do sexo masculino. No recorte etário, assim como no perfil das vítimas, percebe-se a predominância de jovens, estando 79,77% deles na faixa etária de 12 a 29 anos (**Figura 12**).

Figura 12 – Idade dos presos do DHPP em Fortaleza/CE

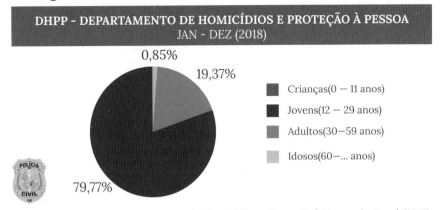

Fonte: Departamento de Homicídios e Proteção à Pessoa do Ceará (2018).

Ainda em relação à faixa etária dos infratores, interessante notícia foi publicada pelo jornal Diário do Nordeste em meio à onda de ataques que ocorreu em todo Estado do Ceará, sobretudo após divulgação da nomeação do secretário de Administração Penitenciária, Luiz Mauro Albuquerque, no início do ano de 2019:

> Conforme dados divulgados pela Secretaria da Segurança Pública e Defesa Social (SSPDS), 466 pessoas foram apreendidas por estarem supostamente envolvidas nas últimas ações contra o Estado. Destas, 318 são adultas e 148 adolescentes. Ou seja, até o último levantamento divulgado pela Pasta, cerca de 30% dos participantes dos ataques eram menores de idade. [...].
> O titular da 5ª Vara da Infância e Juventude indicou que o perfil dos adolescentes envolvidos nos ataques é bem delimitado. A maioria deles é do sexo masculino e da periferia.

> Clístenes tem conhecimento que foram decretadas pelo menos 78 internações de adolescentes apreendidos pelas ações de janeiro de 2019. 90% deles são homens.
>
> (Diário do Nordeste. MELO, 2019a, *on-line*).

Na mesma reportagem, Dillyane Ribeiro, assessora jurídica do Centro de Defesa da Criança e do Adolescente do Ceará (**Cedeca**), "[...] enfatizou que a captura dos adolescentes significa que as autoridades estão com foco no grupo errado" (MELO, 2019a, *on-line*). Segundo ela:

> Estão capturando os que estão lá na ponta. Mas, e quem está lá em cima? Quem está no comando? Precisamos ir na raiz. Se temos uma quantidade grande de adolescentes envolvidos nessas ações, isso é um atestado de que temos falhado como sociedade. Precisamos saber quais são as políticas públicas a fortalecer a educação desses jovens e para evitar isso, já que o cárcere não vem adiantando.
>
> (Diário do Nordeste. RIBEIRO, 2019, *on-line*).

Mais uma vez, equiparando-se com o mesmo perfil das vítimas de **CVLIs**, os infratores presos, em sua maioria, possuem também baixa escolaridade, sendo 61,21% deles analfabetos ou sequer possuem o Ensino Fundamental completo (**Figura 13**).

Figura 13 – Escolaridade dos presos do DHPP em Fortaleza/CE

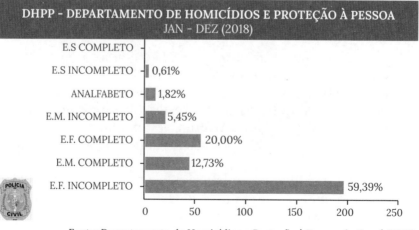

Fonte: Departamento de Homicídios e Proteção à Pessoa do Ceará (2018).

Ou seja, não somente em relação ao recorte etário, mas também em relação a vários outros, quem comete crimes contra a vida segue curiosamente o mesmo perfil das suas vítimas: São homens jovens, de baixa ou nenhuma escolaridade e residentes em áreas periféricas da capital, os denominados, eufemisticamente, de aglomerados subnormais. Pode-se dizer assim que, os **CVLIs** em Fortaleza têm autor e vítimas de padrões equivalentes e bem definidos. São, nesse sentido, duplamente seletivos. Onde há jovens de baixa escolaridade e moradores de periferia, tem-se, como fartamente constatado, uma extrema vulnerabilidade, terreno fértil para a multiplicação de vítimas e infratores relacionados aos **CVLIs**.

Nessa toada, outro estudo interessante em relação aos presos capturados pelo **DHPP** refere-se à natureza jurídica da prisão, se já possuíam registro criminal anterior e se eram integrantes de alguma organização criminosa. Nessa última hipótese, em caso positivo, qual seria a organização a que o preso pertenceria.

Assim, quanto à natureza jurídica das prisões, observa-se que 59,89% das prisões formalizadas pelo **DHPP** se deram em decorrência de prisões cautelares, decorrentes de investigações e representações realizadas pela Polícia Civil perante o Poder Judiciário Cearense. De outra banda, 40,11% foram prisões decorrentes de autos de prisão em flagrante delito. É o que se observa no gráfico da **Figura 14**.

Figura 14 – Prisões efetuadas em Fortaleza/CE

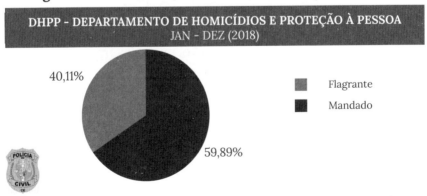

Fonte: Departamento de Homicídios e Proteção à Pessoa do Ceará (2018).

Com relação a possuírem ou não registros criminais anteriores, preliminarmente, esclarece-se que não se trata tecnicamente de reincidência, que é quando, nos termos do **Art.** 63 do Código Penal brasileiro, o agente comete novo crime após a sentença condenatória por crime anterior, no País ou no estrangeiro, transitar em julgado. Trata-se de presos que já possuíam pelo menos uma passagem – com instauração de inquérito policial ou de Termo Circunstanciado de Ocorrência **(TCO)** – pela polícia judiciária. Nesse sentido, constata-se que a esmagadora maioria dos presos possuía registro criminal anterior, representando 86,35% do universo total dos infratores capturados pelo **DHPP/CE (Figura 15)**.

Figura 15 – Presos com registro criminal anterior em Fortaleza/CE

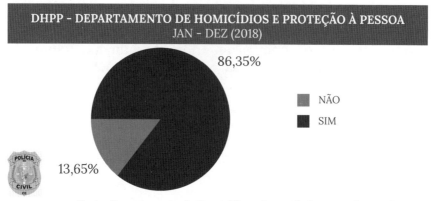

Fonte: Departamento de Homicídios e Proteção à Pessoa do Ceará (2018).

No tocante ao quantitativo de presos integrantes de organizações criminosas, foi possível aferir que, pelo menos 34% deles eram comprovadamente membros de facções criminosas. Os 66% restantes, ou de fato não possuíam vinculação com organizações criminosas ou não foi possível comprovar, com exatidão, essa circunstância, geralmente omitida às autoridades policiais. Destaca-se que a aferição disso é extraída com base nos indícios reunidos no curso das investigações e formalizados no âmbito dos inquéritos policiais instaurados pela Polícia Civil do Ceará, por intermédio do **DHPP**. Acompanhe-se a **Figura 16**.

Figura 16 – Presos do DHPP em Fortaleza/CE

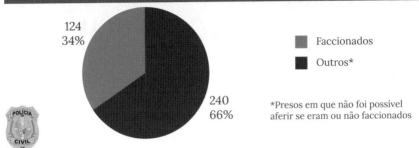

Fonte: Departamento de Homicídios e Proteção à Pessoa do Ceará (2018).

Dentro do universo dos 124 presos (34%) faccionados, foi possível determinar, ainda, a facção criminosa a qual cada um pertencia. Desta feita, apesar de uma amostragem relativamente pequena, esta serve para dar, pelo menos, uma suspeita do grau de predominância das organizações criminosas mais atuantes e visíveis notadamente na capital cearense. Veja-se a **Figura 17**, a seguir.

Figura 17 – Presos por facções criminosas em Fortaleza/CE

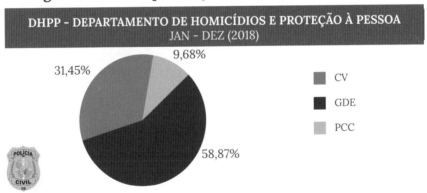

Fonte: Departamento de Homicídios e Proteção à Pessoa do Ceará (2018).

Nesse universo considerado, tem-se, portanto, uma predominância de presos integrantes da facção **GDE**, seguida imediatamente do **CV**. Curiosamente, como explanado anteriormente, foram justamente essas duas organizações criminosas que protagonizaram a maior Chacina da história do estado do Ceará, a "Chacina das Cajazeiras".

AS ORGANIZAÇÕES CRIMINOSAS NO BRASIL

A gênese do crime organizado no Brasil é um assunto deveras controverso. Alguns remontam à época do cangaço no Nordeste brasileiro, nos séculos XIX e XX, que teve seu maior representante Lampião, cognome de Virgulino Ferreira da Silva. Outros se referem à prática do jogo do bicho como a primeira infração penal organizada do País. Tal prática foi criada no início do século XX pelo Barão de Drumond, que a idealizou com a intenção de arrecadar fundos para salvar os animais do Jardim Zoológico do Rio de Janeiro. Existem ainda os que entendem que a criminalidade organizada se originou no Brasil entre as décadas de 1970 e 1990, fruto da reunião num mesmo ambiente, notadamente nos presídios cariocas, de criminosos comuns com presos políticos.

Dentro desse contexto e se somando as condições desumanas existentes nos presídios brasileiros é que teriam surgido as duas principais organizações criminosas do País, quais sejam: o Comando Vermelho (**CV**) e o Primeiro Comando da Capital (**PCC**).

O Comando Vermelho (**CV**) foi fundado no Instituto Penal Cândido Mendes, em 1979. A facção criminosa iniciou suas atividades dentro do Presídio de Ilha Grande, prestando assistência aos presidiários e às suas famílias, além de financiar inúmeras fugas. Fora das dependências do "Caldeirão do Diabo" a organização passou a praticar assaltos a bancos e, atualmente, controla o tráfico de drogas no Estado do Rio de Janeiro. (CLEMENTINO, 2018, *on-line*)

Já o Primeiro Comando da Capital (**PCC**), foi fundado em 1993 no "Piranhão", como é conhecido o presídio de Segurança Máxima de Taubaté, sendo influenciado sobremaneira pelas ideias do Comando Vermelho (**CV**), na medida em que tem, também, como uma de suas características essenciais, o assistencialismo prestado aos seus integrantes e familiares, funcionando como um verdadeiro "Estado paralelo" dentro e fora das penitenciárias. Acredita-se que a organização criminosa nasceu com o escopo de enfrentar as condições degradantes existentes dentro dos estabelecimentos prisionais paulistas e vingar a morte dos 111 presos mortos no episódio que ficou conhecido como o "Massacre do Carandiru".

As principais atividades criminosas desenvolvidas pelo grupo são os roubos a instituições bancárias e a carros de transporte de valores, extorsões de familiares de presos, extorsão mediante sequestro e, notadamente, tráfico ilícito de entorpecentes com conexões internacionais. Possui ramificações em diversos estados do país, além de se relacionar também, como destacado, com organizações criminosas estrangeiras. (CLEMENTINO, 2018, *on-line*).

A esse respeito, é sabido que várias organizações criminosas estrangeiras desenvolvem suas atividades ilícitas em território nacional, a exemplo da *Cosa Nostra*, que tem membros instalados em alguns estados do Nordeste praticando notadamente o tráfico ilícito de entorpecentes e de armas, exploração sexual e de jogos de azar, lavagem de dinheiro etc.; da Máfia Chinesa, que desenvolve em larga escala a pirataria de inúmeros produtos, corrupção de agentes públicos e extorsão de comerciantes nos mercados da Avenida Liberdade (São Paulo) e do Saara (Rio de Janeiro); e da Máfia Japonesa, que está conectada ao **PCC** e **CV** no cometimento do tráfico ilícito de drogas e de armas, ganhando força ultimamente também na exploração da prostituição e dos jogos de azar. (CLEMENTINO, 2018, *on-line*).

Características comuns às organizações criminosas

a) Estrutura hierarquizada e permanente: [...] "não há organização criminosa sem estrutura hierárquica, sem ordem e subordinação entre seus integrantes". Há nitidamente uma escala hierárquica a ser obedecida entre os afiliados, tendo cada um deles que observar as determinações emanadas do seu superior direto. Além do mais, as organizações criminosas pretendem se perpetuar no tempo, desenvolvendo suas atividades de modo duradouro.

b) Busca incessante de lucros e poder econômico: é evidente que toda organização criminosa tem suas atividades orientadas para a obtenção de lucros e, consequentemente, poder econômico.

c) Alto poder de intimidação, por meio de ameaças ou violência. [...] a prevalência da "lei do silêncio" (a omertà das organizações mafiosas italianas), imposta aos seus membros e a pessoas estranhas à organização, é mantida com o emprego dos mais cruéis e variados meios de violência contra aqueles que ousam violá-la ou contra seus familiares, com a finalidade de intimidar outras iniciativas da mesma natureza. Antes, porém, de proceder de forma violenta, muitas vezes, as organizações delinquenciais valem-se de ameaças, sejam diretas ou veladas;

d) Grande poder de corrupção dos agentes públicos: a criminalidade organizada mantém estreitas relações com o poder público, atuando na corrupção de seus agentes com o fito de garantir a continuidade de seus negócios escusos. [...] organizações criminosas possuem tentáculos e ramificações na Polícia Militar, Civil, Federal, Poder Judiciário, Ministério Público, Poder Legislativo, Poder Executivo, órgãos de fiscalização tributária etc. Corrompem para obter sentenças e pareceres favoráveis. Corrompem para obter leis pusilânimes sem comprometimento com a defesa da sociedade. Corrompem para obter lenimento da fiscalização tributária e policial.

e) Desenvolvimento de atividades de caráter social em substituição ao Estado: as organizações criminosas aproveitam-se da inércia estatal, realizando prestações de toda espécie em favor da comunidade que está sob o seu domínio, angariando com tal conduta a simpatia e o respeito dos locais, o que dificulta ainda mais a atuação dos órgãos de persecução penal;

f) Utilização de tecnologia avançada: cada vez mais se verifica o uso de meios tecnológicos sofisticados pela criminalidade organizada, sendo uma decorrência direta do fenômeno de globalização dos meios de comunicação e informação, que permitiu às organizações criminosas expandirem suas atividades criminosas para diversas partes do globo e de forma mais eficaz, dificultando o trabalho dos órgãos de repressão.

g) A prática da lavagem de dinheiro: decorre da necessidade que tem o crime organizado de legalizar os rendimentos auferidos de modo ilícito. [...];

h) Grande danosidade à vida em sociedade: o crime organizado possui uma nocividade muito grande, visto que se utiliza de violência extrema e ameaças, diminuindo a qualidade de vida, cerceando os direitos e garantias fundamentais das pessoas, além de enfraquecer o desenvolvimento econômico.

(CLEMENTINO, 2018, *on-line*).

A definição legal de organização criminosa, a bem da segurança jurídica, está contida na Lei n. 12.850, de 2 de agosto de 2013, especificamente no seu **Art. 1º**, § 1º, que dispõe: "Considera-se organização criminosa a associação de 4 (quatro) ou mais pessoas estruturalmente ordenada e caracterizada pela divisão de tarefas, ainda que informalmente, com objetivo de obter, direta ou indiretamente, vantagem de qualquer natureza, mediante a prática de infrações penais cujas penas máximas sejam superiores a 4 (quatro) anos, ou que sejam de caráter transnacional." (BRASIL, 2013, *on-line*).

Ademais, diversos estudiosos do assunto discorreram reflexões interessantes acerca da definição de crime organizado, o que parece ser conveniente expor para enriquecimento do debate e, ao final, posicionamento no contexto ora abordado da facção criminosa **GDE** que, como vimos, foi a protagonista da "Chacina das Cajazeiras".

Assim, **crime organizado** é um grupo de pessoas voltadas para atividades ilícitas e clandestinas que possui uma hierarquia própria e capaz de planejamento empresarial, que compreende a divisão do trabalho e o planejamento de lucros. Suas atividades se baseiam no uso da violência e da intimidação, tendo como fonte de lucros a venda de mercadorias ou serviços ilícitos, no que é protegido por setores do Estado. Tem, como características distintas de qualquer outro grupo criminoso, um sistema de clientela, a imposição da Lei do Silêncio aos membros ou pessoas próximas e o controle pela força de determinada porção de território. (MINGARDI apud MENDRONI, 2015, p. 18).

Ainda, o **crime organizado** possui uma textura de caráter transnacional na medida em que não respeita as fronteiras de cada país e apresenta características assemelhadas em várias nações; detém um imenso poder com base numa estratégia global e numa estrutura organizativa que lhe permite aproveitar as fraquezas estruturais do sistema penal; provoca danosidade social de alto vulto; tem grande força de expansão, compreendendo uma gama de condutas infracionais sem vítimas ou com vítimas difusas; dispõe de meios instrumentais de moderna tecnologia; apresenta um intrincado esquema de conexões com outros grupos delinquenciais e uma rede subterrânea de ligações com os quadros oficiais da vida social, econômica e política da comunidade; origina atos de extrema violência; exibe um poder de corrupção de difícil visibilidade; urde mil disfarces e simulações e, em resumo, é capaz de inerciar ou fragilizar os poderes do próprio Estado. (FRANCO, 1994, p. 34)

Por outro viés, as **organizações criminosas** são associações minimamente organizadas de pessoas, qualificadas, sobretudo, pela busca cada vez maior de penetração social e econômica, assim como pela obtenção mais ampla de poder, infiltrando-se e confundindo-se com as estruturas do poder público, não mais atuando paralelamente ao Estado ou com ele disputando posições, senão passando a agir livremente por meio dele, tendo por objeto sempre o fornecimento de um bem precioso, cobiçado (droga, jogo, armas, desvio de verbas públicas e etc.). (GOMES, 2000, p. 6)

Carlos Latuff via Twitter (@LatuffCartoons). Charge para o SindCT (@SindCT).

Importante destacar, com relação à organização criminosa Guardiões do Estado (**GDE**), que é uma facção criminosa originária da cidade de Fortaleza, Estado do Ceará. É considerada a segunda maior organização criminosa dentro dos presídios cearenses e a maior nas ruas do Estado do Ceará. Estima-se que o grupo tenha cerca de 8 mil filiados nos presídios, enquanto seu principal concorrente, o Comando Vermelho, teria mais de 12 mil. (GUARDIÕES..., 2019, *on-line*).

> **Facção Criminosa GDE**
>
> Em número de membros soltos, a **GDE** é considerada a facção mais numerosa do Ceará. Foi criada no bairro Conjunto Palmeiras, em Fortaleza. Teria surgido de uma dissidência do **PCC**, em 2015. Seus fundadores estariam insatisfeitos com as diretrizes da facção paulista. A cisão deu à **GDE** autonomia e "rebeldia". Apesar de ter um estatuto próprio, tem regras pouco estabelecidas, liderança pulverizada e pouca hierarquia. É bastante agressiva também pelo perfil de seus membros: muito jovens, com média de 17 anos, que buscam visibilidade.
>
> (O POVO, 2018c, *on-line*).

Ações da Polícia Civil do Ceará em bairros de Fortaleza/Ce.

> **Demarcação de Territórios pelas Facções Criminosas**
>
> Como marca, a **GDE** adota o algarismo "745". Os números são a posição das letras no alfabeto: G=7, D=4, E=5. O **PCC**, por exemplo, adota o numeral 1533. Com o 745, muito comum em pichações de muros e fachadas, a **GDE** se autopromove entre os criminosos e demarca suas zonas de atuação.
>
> (TÚLIO; RIBEIRO, 2017, *on-line*).

Assim, a **GDE**, organização criminosa responsável pela "Chacina das Cajazeiras", é estruturada de maneira minimamente hierarquizada, com clara divisão de tarefas, ainda que informal, em que seus membros se dedicam à prática de crimes diversos, notadamente homicídios, tráfico ilícito de entorpecentes, roubos e estelionatos.

Apesar de ser uma organização criminosa descentralizada, com várias microcélulas espalhadas em diversos bairros da Capital Alencarina, cada uma possui seus respectivos chefes locais. Há ainda os conselheiros, integrantes da cúpula, com maior força e grau de influência em relação aos demais membros da facção criminosa. Nesse sentido, as investigações policiais em torno da "Chacina das Cajazeiras" permitiram concluir que tais conselheiros seriam, dentre outros, conforme a Polícia Civil, Deijair de Souza Silva, apontado também como um dos fundadores dessa facção. Deijair foi, em poucos meses identificado, preso e indiciado pela Polícia Civil do Ceará como um dos autores dos crimes praticados por ocasião da "Chacina das Cajazeiras".

Os conselheiros com maior poderio dentro da estrutura da **GDE**, possuem a função de irradiar as diretrizes de atuação da organização criminosa aos demais membros dessa facção. Destarte, estes chefes máximos da organização criminosa declaram guerra contra facções rivais, celebram acordos e/ou promovem alianças com outras organizações criminosas, estabelecem condições para aceitação de novos membros, definem princípios a serem obedecidos pela facção e, por fim, mais do que simplesmente autorizarem, determinam a efetiva execução de cruéis ataques e assassinatos, a exemplo da própria "Chacina das Cajazeiras", sem que precisem estar presentes fisicamente às ações criminosas executadas em campo. São os chamados pela doutrina como "homens de trás" ou "autores de escritório".

Para a concretização dos atos criminosos bárbaros, os conselheiros da facção criminosa possuem, sob sua influência direta e ao seu inteiro dispor, uma massa de faccionados, como já destacado, geralmente composta por jovens de baixa renda e escolaridade, residentes em aglomerados subnormais.

Características da Facção GDE

Uma facção descentralizada, que tem uma liderança em cada bairro, atua fortemente no tráfico de drogas, em roubos de veículos e de residências e, principalmente, a facção que aceita adolescentes e adultos jovens com a promessa de uma vida promissora no crime. Assim os Guardiões do Estado decidiram que não seriam mais uma torcida organizada e que fariam uma espécie de "associação" de criminosos, que agiam no Conjunto Palmeiras. Com um começo não muito promissor, a **GDE** foi descoberta pelo Comando Vermelho e passou a agir de forma mais incisiva, inclusive na onda de ataques anterior, ocorrida em abril de 2016, quando um carro-bomba foi colocado em frente à Assembleia Legislativa do Estado. A facção é nova e formada por gente nova e inconsequente. Até no crime, com o tempo as pessoas vão criando um discernimento, um cuidado que os integrantes da **GDE** ainda não tem. Em sua maioria são adolescentes e adultos jovens, que não tiveram acesso à educação e a outros serviços básicos. Eles são, infelizmente, o produto de uma vida totalmente desregrada e sem perspectiva nenhuma de ascensão financeira, a não ser pelo crime [...] são obrigados a cumprir as ordens dadas pelo comando da organização. "O que eles diziam era que o 'salve' vindo presídio deveria durar 48h e que todo membro tinha que honrar a facção. Eles dizem que quem coloca os ataques em prática sobem na hierarquia da **GDE** e é isso que os estimula a participar". [...] o Comando Vermelho foi o primeiro grande aliado da **GDE**. "Eles têm um nível de organização diferente do **PCC**. Ao **PCC** não interessa aliado que não tenha poder, já o Comando Vermelho é mais permissivo. Foi quando eles deixaram de ser criminosos de bairros e passaram a se sentir parte do que eles consideram grande. Foi quando eles sentiram que já não eram mais uma gangue, mas uma facção". Com o racha nacional entre o **PCC** e o **CV**, as outras facções também foram afetadas e sentiram os reflexos. Aos poucos a parceria entre **CV** e **PCC** foi se desfazendo e a facção local se aproximou do **PCC** dentro do presídio. [...] A **GDE** não é aliada do **PCC** ou FDN. Apenas têm um inimigo em comum. O que existe é apenas uma aproximação.

(DIÁRIO DO NORDESTE, 2017, *on-line*).

Apontada como responsável pela maior Chacina da história do Ceará, a Guardiões do Estado (**GDE**) se caracteriza por cooptar adolescentes que vêm praticando ataques mais violentos do que tradicionais grupos organizados.

O grupo nasceu em Fortaleza há dois anos e se consolidou em 2017. "Hoje, já vemos pichações do **GDE** nos muros. Antes, víamos só do **PCC** e do **CV** (Comando Vermelho)", explica o sociólogo e coordenador do Laboratório de Estudos da Violência (LEV) da Universidade Federal do Ceará (UFC), César Barreira.

Segundo o professor, uma das explicações para o crescimento da **GDE** é que a facção não cobra mensalidade dos integrantes – prática do **CV** e do **PCC**. Também seria por essa razão que o movimento vem atraindo jovens.

"O **GDE** tem como marca uma forte dose de crueldade. É muito preocupante porque é um grupo que ainda está se sedimentando e as próprias regras de disciplina ainda não são totalmente incorporados como são no **CV** e no **PCC**. Quando se conhece as regras e bases de sustentação dessas facções, é mais fácil de combater. Por isso, é uma facção que nos preocupa bastante", diz Barreira.

O especialista analisa que, pela definição da estrutura hierárquica, as facções criminosas "antigas" como **PCC** e **CV** já não despertam o interesse do jovem, que se atrai pelo "novo".

"Essa consolidação das bases termina afastando um pouco o integrante novo que também quer participar do estabelecimento dessa facção nos locais. É como se estivesse no bojo da própria criação da facção a questão da consolidação hierárquica", diz. "O jovem tem essa questão da ousadia e também da adrenalina, participa dessas festas e dos bailes. Acredito que também exista a predominância dos jovens no **GDE** porque é como se o grupo estivesse casando vários desejos ao mesmo tempo".

Segundo Barreira, o **GDE** é forte na periferia, principalmente em bairros classificados como mais violentos.

(BARREIRA, 2018, *on-line*).

A despeito de ter sido noticiado que a **GDE** supostamente não cobraria mensalidade dos seus integrantes – como de praxe já acontecia com facções criminosas maiores e mais antigas, a exemplo do **CV** e **PCC** –, em 2017, o jornal Tribuna do Ceará noticiou que as forças de segurança do Estado teriam apreendido um estatuto atribuído à **GDE** contendo quinze artigos que, dentre outras coisas, demonstravam a existência de arrecadação mensal dos seus membros e a pretensão dessa facção em sistematizar a sua atuação criminosa, nos moldes semelhantes às organizações criminosas maiores acima referidas, conhecidas nacionalmente (BARBOSA, 2017).

ESTATUTO DOS GUARDIÕES DO ESTADO

Em 1º de janeiro de 2016, as 16:00h, estes se reuniram em várias Unidade Prisional, no estado do Ceará, decidindo:

Capítulo I - Da denominação, Fundamentos e dos fins.

Art. 1 - Os integrantes se denominam GUARDIÕES DO ESTADO.

Art. 2 - São fundamentos: a lealdade, a igualdade, a transparência e a União acima de tudo.

Art. 3 - Toda luta tem uma causa e nossa causa será a paz para o sistema, a igualdade para todos e justiça para os injustiçados.

Art. 4 - A luta será contra quaisquer tipo de opressão, assaltos, extorsões, estupros ou, ainda, quaisquer tipos de injustiças cometidas fora e dentro do sistema carcerário.

Art. 5 - Nossa força e nossa união farão que ecoe a liberdade contra todo tipo de opressão causado pelo governo, ou mesmo qualquer outro instrumento que venha a oprimir, ou se posicionar contra nossa ideologia e nossa luta.

Art. 6 - Jamais um membro da nossa organização ficará desamparado tanto dentro ou fora do Estado, caso seja submetido a pena do RDD, quando lhe faltar condições.

Art. 7 - Para que não falte o auxílio do artigo anterior e para fortalecer a organização será obrigatória a contribuição financeira mensal de todos os integrantes, conforme será estabelecido pela cúpula o valor, mas sempre de acordo com as possibilidades financeiras de cada um.

Art. 8 - Todos os integrantes, denominados de "irmãos" devem lealdade e respeito para com a organização.

Art. 9 - Temos como meta: qualidade e não quantidade, portanto todos os integrantes serão responsáveis diretos por seus afilhados, tendo como obrigação procurar informações sobre a procedência e conduta destes, antes de seus batismos. Devendo ficar claro que não serão aceitos: estupradores, cabuetas, ou qualquer outro com conduta duvidosa, pois devemos zelar pela seriedade e objetivos que fizeram o surgimento desta organização.

Art. 10 - A organização terá como um de seus lemas: Um por todos e todos por um, em sendo assim: todos os membros que estiverem em liberdade, devem sempre estarem em sintonia e harmonia com os membros encarcerados, prevalecendo a união de todos em busca do mesmo propósito.

Art. 11 - Todos os participantes terão voz, podendo dar opiniões e sugestões, sempre visando ao crescimento da "Família Guardiões", porém é importante se ter em mente que a voz final é a dos que integram a cúpula, sendo respeitada, assim, a hierarquia.

Art. 12 - É terminantemente proibido usar o nome da organização para fins diversos dos aqui estabelecidos bem como para obter vantagens em benefício próprio que não favoreçam a coletividade. Lembrando que não serão admitidos erros deste tipo, sofrendo punição quem descumprir.

Art. 13 - Para o bom e fiel cumprimento do Estatuto aqui firmado, quem o descumprir será cobrado de acordo com a gravidade do seu erro e culpa. Pois a organização será rígida para com os que faltarem com suas obrigações.

Art. 14 - É importante esclarecer, que qualquer acusação feita por integrantes ou contra estes, até mesmo por pessoas não participantes, serão analisadas e julgadas somente mediante provas concretas, pois aquele que fizer acusação indevida, e sem provas, sofrerá punição pois só terá oportunidade quem der oportunidade.

Art. 15 - Todos os membros da cúpula julgadora serão obrigados a aplicar à igualdade suas decisões e sentenças, onde faltas consideradas gravíssimas ocasionarão a exclusão do integrante da organização, como forma de punição.

(BARBOSA, 2017, *on-line*). Texto sem alterações, apresentado na íntegra conforme circula entre os membros da facção.

Pela ausência de informações mais seguras a validar uma afirmação com absoluta certeza, apenas se supôs que, no seu nascedouro, a **GDE** efetivamente não cobrava mensalidade de seus membros. Com o tempo, uma vez ampliada, implantou-se também esse sistema de arrecadação a exemplo das demais facções criminosas já consolidadas há mais tempo (BARBOSA, 2017).

Interessante notar no referido estatuto que, tal qual a Constituição Federal de 1988 fez para a constituição do Estado, dito oficial, ordinário, há na constituição do "Estado paralelo", o estabelecimento dos seus elementos constitutivos essenciais, quais sejam: fundamentos, objetivos e princípios, constituição de "Poderes", um sistema de "justiça" próprio com "regras processuais" pré-definidas e traços dos princípios da proporcionalidade/ razoabilidade e isonomia, contando ainda com a "tipificação" de uma conduta análoga à descrita no crime de denunciação caluniosa (**Art. 339**, do Código Penal).

Visualiza-se ainda a previsão de "direitos e garantias fundamentais individuais" dos faccionados (amparo dentro e/ou fora do cárcere, no estado ou fora dele, contra opressão, seja ela estatal ou não) e estabelecimento de uma espécie de "sistema de arrecadação tributária", garantindo-se recursos materiais para a consecução dos seus fins, com explícita previsão de algo semelhante ao "princípio da capacidade contributiva".

É tragicômico, curioso, instigante, cabendo aqui questionar, após fazer essa analogia apenas para estimular uma reflexão crítica do leitor, quais seriam as principais razões que levaram ao surgimento e, em algum momento, a expansão desse "Estado paralelo", materializado pelas organizações criminosas no Brasil?

Legislação - Código Penal

Art. 339. Dar causa à instauração de investigação policial, de processo judicial, instauração de investigação administrativa, inquérito civil ou ação de improbidade administrativa contra alguém, imputando-lhe crime de que o sabe inocente:

Pena - Reclusão, de 2 a 8 anos, e multa."

(BRASIL,1940, *on-line*).

Por derradeiro, fazendo uma comparação entre os perfis de atuação da **GDE** com outra facção criminosa mais antiga, a exemplo do Primeiro Comando da Capital **(PCC)**, tem-se: o **PCC** é uma facção criminosa com estruturação empresarial piramidal, fortemente hierarquizada, onde a intenção preponderante é a de lucrar cada vez mais. Visualizam a Polícia assim como os demais órgãos estatais, sobretudo os atuantes direta ou indiretamente no sistema de persecução penal, como seus maiores empecilhos ao alcance dos seus objetivos. Ao invés de adotarem condutas combativas, de confronto ao Estado, preferem a tática da aproximação por intermédio da cooptação de agentes públicos e políticos com o fito de, mediante corrupção financeira e ideológica, usarem o próprio sistema para alcançar maiores ganhos financeiros e ampliar seu grau de influência dentro e fora do País.

De fato, a última atuação espalhafatosa de confronto violento e direto contra o Estado realizada pelo **PCC** foi durante os ataques no ano de 2006, em São Paulo. De lá para cá, a organização criminosa percebeu as (grandes) desvantagens (notadamente financeiras) para o crime de provocar ataques dessa natureza.

Perde-se dinheiro e também apoio popular. Daí em diante, o **PCC** adotou cada vez mais a estruturação empresarial e se internacionalizou.

Há uma década, a capital paulista parou diante de ataques orquestrados pelo Primeiro Comando da Capital, o **PCC**, uma facção criminosa que controla parte dos presídios do Estado. Seus integrantes se rebelaram em presídios, incendiaram ônibus e alvejaram delegacias. Diante de um toque de recolher, São Paulo esvaziou. A ação cinematográfica ocorrera como resposta à decisão policial de transferir os líderes da facção para um presídio de segurança máxima em Presidente Venceslau, no interior do estado. Dez anos mais tarde, a organização criminosa ganhou força e expandiu. Passou de um faturamento estimado em R$ 10 milhões para uma receita anual entre R$ 100 e R$ 200 milhões. Dominou outros Estados brasileiros e se internacionalizou, hoje com presença na Bolívia, Paraguai, Colômbia, Peru e Argentina. "É uma organização pré-mafiosa", afirma o promotor Lincoln Gakiya, do Grupo de Atuação Especial contra o Crime Organizado **(GAECO)** de Presidente Prudente. "A única distinção para uma organização como a Ndrangheta (a máfia da região italiana da Calábria) é que a facção não consegue lavar dinheiro, não há o branqueamento de capitais". Gakiya é um dos maiores especialistas na organização. Foi ele quem apresentou à Justiça, em 2013, a mais robusta denúncia já feita contra a facção. Os três anos e meio de investigação resultaram num calhamaço de quase 60 mil páginas de processo cautelar, numa peça de denúncia de 876 páginas, em 175 pedidos de prisão e 35 encaminhamentos ao **RDD**, um regime especial de detenção com mais restrições e maior isolamento. "Teria sido o maior golpe ao crime organizado da história do Brasil", afirma. Não foi. A Justiça, sob o argumento de que já havia passado tempo demais do começo da investigação, indeferiu os pedidos do Ministério Público. Gakiya recorreu, ganhou a transferência de 17 presos para o **RDD** e até hoje aguarda o julgamento das prisões. Na avaliação dele, mesmo mais sofisticada e potente a facção não repetirá as ações de 2006. "Eles sabem que perderam mais do que ganharam naquela ocasião, em especial em relação ao apoio popular", diz. "Hoje as forças de segurança também têm um controle razoável das ações da facção".

Revista Época (2016).

ENTREVISTA

ÉPOCA – Com base nos depoimentos colhidos nas investigações, é possível saber como a organização avaliou os ataques de 2006?

Gakiya – Aquela foi uma ação impulsiva. A ordem era para atacar, matar policial, juiz, o que encontrar pela frente. Em paralelo, foram feitas rebeliões simultâneas em quase todos os presídios. E aí teve um saldo disso. Poderia ter dado certo ou não. Em algum momento, seus integrantes acharam que iriam mostrar poder e ficar bem mais valorizados. Não foi o que aconteceu. Foi o inverso. Eles perderam mais que ganharam. Perderam muita gente, dinheiro, quase todo o armamento que tinham.

ÉPOCA – Dá para saber quanto perderam em dinheiro e armamento?

Gakiya – O **PCC** perdeu não apenas dinheiro ou armamento, mas principalmente apoio popular. A verdade é que nunca tiveram, mas, a partir de 2006 a população passou a ter verdadeira objeção à facção. Todo mundo entendeu que se tratavam de bandidos que mataram bombeiros, pessoas inocentes. Ou seja, não tinham nada a ver com um movimento para falar de opressão a presos no estado.

ÉPOCA – O que mudou a partir do momento em que a facção percebeu que perdeu em 2006?

Gakiya – A facção ficou mais sofisticada. Ganhou presença em outros estados e se internacionalizou. Uma mudança forte foi a forma de comunicação. As informações passaram a ser compartimentadas. Agora cada um sabe o que precisa saber, ninguém da rua tem contato com a liderança, para não expor esse líder. Antes, a comunicação era mais rústica. Um exemplo: uma ordem para matar o juiz de Presidente Prudente saiu por carta escrita, muita gente teve acesso. Isso marcou diretamente o Marcola e o Carambola, tanto que foram condenados no júri. A organização também ficou mais estratificada. É difícil associar um crime ao Marcola hoje. Alguém mandou matar, mas há vários setores que se comunicam até a ordem ser cumprida. É uma estrutura piramidal, um organograma. Um setor se *comunica com outro até chegar ao conselho deliberativo e ao líder. É um processo demorado.*

ÉPOCA – *Mais alguma mudança?*

Gakiya – *A arrecadação em 2006 era em torno de R$ 10 milhões a R$ 20 milhões por ano. Hoje falamos em algo entre R$ 100 e R$ 200 milhões. Mudou muito. Virou uma empresa. Nas minhas apresentações, classifico a facção como uma organização pré-mafiosa. A única distinção para uma organização criminosa como a Ndrangheta é que o primeiro não consegue de maneira adequada lavar dinheiro, não tem o branqueamento de capitais. A organização já está mandando droga para a Europa. Mas não consegue fazer transformar o dinheiro sujo em limpo por meio de empresas, como os cartéis mexicanos ou a máfia italiana.*

(GAKIYA, 2016, on-line).

Por outro lado, a **GDE** considera tão importante quanto seu próprio crescimento financeiro e expansão, chamar a atenção e se vangloriar dos atos violentos praticados em frontal desafio às autoridades estatais. Exemplos disso foram os ataques no Ceará em 2017, em que a **GDE** exigia a transferência de membros do grupo para uma unidade prisional em que eram maioria, o episódio em março de 2018, em Fortaleza/CE, que ficou conhecido como "Chacina do Benfica", resultando em sete vítimas fatais e propriamente a "Chacina das Cajazeiras", como dito, a maior do Estado do Ceará.

É curioso notar que o perfil da grande maioria dos integrantes dessa facção – jovens de periferia, com poucos recursos financeiros e níveis baixos de escolaridade – é o mesmo da imensa maioria de suas vítimas, conforme se verificou anteriormente através dos estudos estatísticos dos perfis dos infratores e vítimas de **CVLIs** ocorridos em Fortaleza/CE.

A RESPONSABILIZAÇÃO PENAL DA CÚPULA DAS ORGANIZAÇÕES CRIMINOSAS

Com o título "Chacina levou os principais líderes da **GDE** à prisão", a matéria do jornal Diário do Nordeste destacou:

"Chacina levou os principais líderes da GDE à prisão"

Passado um ano, os principais líderes da facção local Guardiões do Estado (**GDE**) estão atrás das grades – alguns deles, fora do Ceará. Para o diretor do Departamento de Homicídios e Proteção à Pessoa (DHPP), delegado Leonardo Barreto, a ação ousada do grupo criminoso teve efeito reverso. "Com relação à organização criminosa que procedeu ao ataque, foi esfacelada porque todos os seus líderes foram capturados, pelas Polícias Civil e Militar. Inclusive, a chamada autoria de escritório, que é aquele indivíduo que não está presente nos acontecimentos criminosos, mas tem o poder de determinar estando preso ou solto, também foi descoberto e indiciado por todos os crimes", destaca Barreto. O delegado se refere à Deijair de Souza Silva, o "De Deus", de 30 anos, considerado o Sintonia Final (maior liderança) da **GDE** e capturado em um apartamento de luxo, no bairro Cocó, em Fortaleza, em 19 de fevereiro do ano passado. Ele estava solto devido à compra de um Habeas Corpus por R$ 150 mil, concedido pelo desembargador Carlos Rodrigues Feitosa, em um plantão do Tribunal de Justiça do Ceará (TJCE) em 2013, conforme a investigação da Polícia Federal (PF), batizada de "Operação Expresso 150". Segundo a denúncia do Ministério Público do Ceará

(MPCE), o criminoso, "como líder e um dos conselheiros da **GDE**, autorizou a efetivação da Chacina. As ações de maior importância necessitam do seu aval".

(Diário do Nordeste. BORGES, 2019, *on-line*).

Imagem de DHPP/CE

Automóveis apreendidos pela Polícia Civil do Ceará, no curso das investigações policiais em torno da "Chacina das Cajazeiras", por ocasião do cumprimento de mandados de prisão e busca e apreensão na residência de Deijair.

Prisão de Deijair

A Secretaria da Segurança anunciou detalhes do envolvimento de cinco pessoas presas por participação na Chacina das Cajazeiras. O homem suspeito de ser um dos mandantes, preso na segunda-feira (19) em condomínio de luxo no bairro Cocó, em Fortaleza, também é citado em investigação da Polícia Federal sobre a venda de decisões judiciais no Ceará. O acusado já teria saído da prisão anteriormente por força de um alvará de soltura supostamente comprado por R$ 150 mil. Ele estava solto com monitoramento eletrônico. [...] Deijair de Souza Silva, apontado como mandante da Chacina das Cajazeiras, teria saído de um dos presídios da Grande Fortaleza beneficiado por um esquema de corrupção investigado pela Polícia Federal. Em 7 de julho de 2013, a Justiça do Ceará expediu um alvará de soltura para que Deijair deixasse a CPPL 1, em Itaitinga. A decisão foi assinada pelo desembargador Carlos Feitosa. O magistrado é um dos investigados na operação Expresso 150, da Polícia Federal, que apura uma suposta rede de venda de decisões judiciais. Deijair havia sido preso pela própria Polícia Federal em março de 2013, acusado de tráfico de drogas. [...] Já em julho, o monitoramento telefônico da PF indicou que Deijair e outros dois presos [...] teriam comprado a própria liberdade por R$ 150 mil, cada um. [...] Na última segunda-feira (19), foram apreendidos (pela Polícia Civil do Ceará) com Deijair, em um apartamento no bairro Cocó, dois carros de luxo, um deles blindado, comprovante de um conta com R$ 130 mil em nome da tia e uma arma incomum no Ceará, que pode ter sido utilizada na Chacina das Cajazeiras.

(TV JANGADEIRO, 2018, *on-line*).

Pela comprovada posição de comando de uma determinada pessoa dentro da estrutura de uma facção criminosa, por si só, o § 3° do **Art. 2°** da Lei n. 12.850/2013 já prevê agravamento da sua pena. Nesse sentido, acompanhe-se:

Art. 2° Promover, constituir, financiar ou integrar, pessoalmente ou por interposta pessoa, organização criminosa:

Pena - reclusão, de 3 (três) a 8 (oito) anos, e multa, sem prejuízo das penas correspondentes às demais infrações penais praticadas.

§ 1°omissis.

§ 2°omissis.

§ 3°**A pena é agravada para quem exerce o comando, individual ou coletivo, da organização criminosa, ainda que não pratique pessoalmente atos de execução.** (BRASIL, 2013, *on-line*).

De acordo com as lições de Nucci agrava-se a pena do comandante, líder, chefe da organização criminosa (**Art. 2°, § 3°,** da Lei 12.850/2013). Essa liderança pode ser individual, exercida por uma só pessoa, ou coletiva, dividida com outros integrantes. "A menção final – *ainda que não pratique pessoalmente atos de execução* – é desnecessária, pois, segundo o disposto no **Art. 29** do Código Penal, quem, de qualquer modo, concorre para o crime incide nas penas a ele cominadas. Portanto, *qualquer atividade é capaz de gerar a concorrência no delito*. (**NUCCI**, 2015, p. 30, grifo do autor)

A grande questão era saber, acerca especificamente desse alvo das investigações dentro do contexto da "Chacina das Cajazeiras", se, conforme a Polícia Civil do Ceará, na qualidade de fundador e um dos chefes da organização criminosa **GDE**, a despeito de não ter efetivamente praticado o núcleo do tipo previsto no **Art. 121** do Código Penal ("Matar"), mas, por outro lado, ter autorizado a realização do ataque no bairro Cajazeiras que resultou na morte de 14 pessoas e inúmeras outras feridas, qual seria sua responsabilização penal? Autor? Partícipe? E por quê?

Fato é que, em tais casos, geralmente os integrantes das cúpulas das organizações criminosas se mantém, proposital e estrategicamente, distantes fisicamente dos fatos criminosos. Assim, repassam diretrizes e a chancela para o cometimento de tais delitos pelos demais faccionados, não precisando atirarem em quaisquer das vítimas, nem sequer pegarem em armas de fogo. São os denominados pela doutrina de "autores de escritório" ou "homens de trás".

Zaffaroni e Pierangeli (1999, p. 672) dissertam acerca dessa modalidade de autoria asseverando que: "Pressupõe uma 'máquina de poder', que pode ocorrer tanto num Estado em que se rompeu com a toda legalidade, como numa organização paraestatal (um Estado dentro do Estado), ou como uma máquina de poder autônoma 'mafiosa'".

Em verdade, em casos como esses, reconhecer a existência do "autor de escritório" ou "homem de trás", na prática, impede uma grande incoerência e porque não dizer também, injustiça. Evita que justamente os chefes das organizações criminosas, tendo maior influência e poder de mando, com reflexos diretos sobre o resultado lesivo, respondam criminalmente unicamente na qualidade de partícipes, naturalmente com pena menor.

Outra característica marcante nessas hipóteses, é o fato de que, na eventualidade das pessoas designadas pela cúpula das organizações criminosas para executarem os crimes de modo direto, pessoal e imediato, se negarem a praticar tais delitos, o autor de escritório (chefe) tem o poder de facilmente empregar outros indivíduos para a concretização dos resultados originalmente pretendidos por ele (característica da fungibilidade). Daí se dizer que o seu controle/domínio sobre a ação criminosa é clarividente e incontestável.

Assim, a cúpula das organizações criminosas, como vimos, a despeito de geralmente não terem atuação direta e pessoal nos crimes praticados, estabelecem diretrizes criminosas que irradiam aos demais integrantes da facção que, por sua vez, ao segui-las cegamente, provocam um verdadeiro mar de sangue e nefasto caos social.

A execução dessas diretrizes pelos delinquentes faccionados é uma demonstração de fidelidade aos grupos criminosos aos quais integram e quase sempre representam expectativas de ascensão dentro dessas organizações criminosas.

Como já mencionado no capítulo anterior, no caso concreto da "Chacina das Cajazeiras", uma dessas diretrizes é a pública hostilidade dos integrantes da **GDE** em relação aos membros da facção rival, no caso, o Comando Vermelho (**CV**). Aqui, quando se fala em hostilidade, estamos nos referindo efetivamente à morte de inúmeros indivíduos, ainda que desconhecidos dos seus algozes, motivados unicamente pelo fato de pertencerem à facção rival.

Aliás, como se viu linhas atrás, essa motivação, juntamente com disputas de territórios relacionados à traficância ilícita de entorpecentes, faz-se presente na imensa maioria dos homicídios registrados na capital cearense.

Retornando à questão propriamente da responsabilização penal da cúpula das organizações criminosas, como a discussão técnica acerca do tema envolve o tratamento jurídico doutrinário em torno do concurso de pessoas, são necessárias antes algumas breves considerações para melhor esclarecimento do leitor sobre associação de indivíduos para a realização de um crime.

Desta feita, no direito penal brasileiro, existem crimes que podem ser praticados tanto por uma única pessoa quanto por mais de uma, e essa circunstância, por si só, é indiferente para a configuração da respectiva conduta criminal. Em contrapartida, outras infrações penais só se consideram caracterizadas quando são praticadas obrigatoriamente por mais de um agente. Estar-se-á falando dos **crimes unissubjetivos** e **plurissubjetivos**, respectivamente. Exemplo dos primeiros são os crimes de homicídio e roubo, veja-se:

Homicídio simples

Art. 121. Matar alguém:

Pena - reclusão, de seis a vinte anos.

Roubo

Art. 157. Subtrair coisa móvel alheia, para si ou para outrem, mediante grave ameaça ou violência a pessoa, ou depois de havê-la, por qualquer meio, reduzido à impossibilidade de resistência:

Pena - reclusão, de quatro a dez anos, e multa. (BRASIL, 1940, *on-line*, grifo do autor).

Como facilmente se percebe, tais crimes podem naturalmente serem cometidos por uma única pessoa ou por mais de uma. Diferente é o caso, por exemplo, do crime de associação criminosa, que exige para sua configuração, pelo menos a participação de três pessoas, acompanhe-se:

Associação Criminosa

Art. 288. Associarem-se 3 (três) ou mais pessoas, para o fim específico de cometer crimes:

Pena - reclusão, de 1 (um) a 3 (três) anos. (BRASIL, 1940, *on-line*, grifo do autor).

Assim, para os **crimes plurissubjetivos ou de concurso necessário**, como o acima citado, não há necessidade de nenhuma regra expressa a fim de disciplinar o modo como se dará a responsabilização criminal dos autores e coautores (apenas eventuais partícipes), pois, nesses casos, a existência (necessária) de multiplicidade de agentes já faz parte da própria estrutura do tipo penal, condição sine qua non para sua caracterização.

Por outro lado, com relação aos **crimes unissubjetivos** – também conhecidos como de concurso eventual –, o seu cometimento por mais de uma pessoa, induz necessariamente a aplicação do **Art. 29** do Código Penal Brasileiro que preceitua que:

"**Art. 29.** Quem, de qualquer modo, concorre para o crime incide nas penas a este cominadas, na medida de sua culpabilidade" (BRASIL, 1940, *on-line*)

Trata-se de uma regra de extensão para possibilitar a responsabilização criminal, nesses casos, de todos os envolvidos. De modo geral, para que se possa configurar a ocorrência do concurso de pessoas, destaca-se ser necessária a presença dos seguintes requisitos: Pluralidade de agentes e condutas; Relevância causal de cada conduta; Liame subjetivo entre os agentes e identidade da infração penal.

Em síntese, somente quando duas ou mais pessoas, unidas pelo liame subjetivo, levarem a efeito condutas relevantes dirigidas ao cometimento de uma mesma infração penal é que podemos falar em concurso de pessoas. (GREGO, 2015, p. 480-481)

Ainda com relação ao concurso de pessoas, têm-se **três teorias (pluralista, dualista e monista)** que procuram explicar se, na codelinquência, ocorrem um ou vários delitos. Contudo, por não ser objetivo deste trabalho o dessecamento dessas teorias nem o tratamento de situações especiais, adiantaremos que, de modo geral, **o Código Penal adotou a teoria monista ou unitária**, considerando a existência de apenas um crime para todos os co-delinquentes. Ou seja, muito embora o crime tenha sido praticado por mais de um criminoso, seja na qualidade de autor ou partícipe, ele permanecerá único e indivisível.

Visto isso, passa-se a trabalhar os conceitos de autoria e participação. Assim, diante de uma conduta criminosa, com a intervenção de vários indivíduos, quem seriam os autores? E os partícipes? Para responder a tais questionamentos, surgiram, também, algumas teorias que são apresentadas adiante, de maneira sintetizada.

Para o **conceito extensivo de autor**, todos aqueles que, de algum modo, contribuíram para a prática do delito são tidos como autores. Desta feita, este conceito de autoria está ligado à teoria subjetiva da participação. Destaca-se que, para a teoria subjetiva, o autor estaria realizando a conduta como protagonista da história [*animus auctoris*]; já o partícipe, não querendo o fato como próprio, mas, sim, como alheio [*animus socii*], exerce um papel secundário, sempre acessório. (GRECO, 2015, p. 485)

O autor segue afirmando que, em algumas situações, a referida teoria pode se revelar equívoca, quando, por exemplo [...] um matador de aluguel causa a morte da vítima não porque a desejava, mas, sim, porque fora pago para tanto, ou, no caso [em que] o agente que causara a morte de um recém-nascido, a pedido da mãe deste último. Como praticara o fato atendendo a uma solicitação da mãe da criança, não queria o fato como próprio, mas, sim, como alheio.

Em razão do total subjetivismo dessa teoria, não seria condenado como autor, mas tão somente como cúmplice.

Cabe destacar que Zaffaroni e Pierangeli nos fornecem outro caso, também julgado por um tribunal alemão, no qual se afirmou que um assassino profissional contratado num país estrangeiro, que fora enviado para matar asilados croatas com uma pistola de gás venenoso, não era autor, porque não queria o fato como seu, pois o interesse pelo resultado pertencia à potência que o enviava. (GRECO, 2015, p. 485).

Já para o **conceito restritivo de autor**, este é apenas aquele que realiza a conduta descrita no núcleo do tipo penal ("matar", "subtrair", "caluniar", "ameaçar" etc). Todos aqueles que, de alguma maneira, auxiliem, mas não venham a realizar a conduta narrada pelo verbo do tipo penal seriam considerados partícipes. O conceito restritivo de autor segue atrelado à teoria objetiva da participação que tem duas vertentes, são elas: teoria objetivo-formal e teoria objetivo-material (GRECO, 2015).

Para o conceito restritivo de autor pela **teoria objetivo-formal,** autor é "[...] aquele cujo comportamento se encontra no círculo abarcante do tipo" (PRADO, 1999, p. 267), enquanto o partícipe é aquele que concorre para o cometimento da infração penal, sendo que sua ação (instigação, induzimento ou auxílio) não envolve a realização do verbo nuclear do tipo. (GRECO, 2015, p. 484, grifo do autor)

Como exemplo, suponha-se que **A** e **B**, agindo com *animus necandi* (dolo de matar), unidos pelo liame subjetivo, resolvam assassinar um desafeto **C** que se encontra no interior de sua residência. **A** tem a função de vigiar a porta de entrada e também dar fuga à **B**, após o crime. Assim, **B** ingressa na casa de **C** e lhe desfere 5 tiros, todos nas regiões da cabeça e do tórax, empreendendo imediatamente fuga do local do cometimento do delito na garupa de uma motocicleta pilotada por **A**. Pela teoria **objetivo-formal**, como **B** foi quem unicamente praticou a conduta descrita no núcleo do tipo do **Art. 121** do Código Penal ("matar"), somente ele seria considerado autor, sendo **A** partícipe de um crime de homicídio, uma vez que, mesmo querendo o resultado morte, não realizou a conduta descrita no tipo.

O conceito restritivo de autor pela **teoria objetivo-material** é um complemento à teoria objetivo-formal, haja vista que distingue autor de partícipe pela perspectiva da maior periculosidade ou contribuição do primeiro na causação do resultado, ignorando qualquer aspecto subjetivo.

Ocorre que a teoria objetiva, de acordo com o conceito restritivo de autor, encontrou-se em sérias dificuldades no que dizia respeito à chamada autoria mediata". (GRECO, 2015, p. 484) Por exemplo, [...] um médico, querendo causar a morte de seu inimigo que se encontrava internado no hospital no qual aquele exercia suas funções, determina a uma enfermeira que nele aplique uma injeção, por ele preparada, contendo um veneno letal. A enfermeira, atendendo ao pedido levado a efeito pelo médico, aplica a injeção e causa a morte do paciente. Como se percebe, o médico não realizou a conduta descrita no núcleo do tipo penal do **Art. 121** do Código Penal. Na verdade, quem matou alguém, por erro determinado por terceiro, foi a enfermeira. Como o médico não praticou a conduta narrada pelo verbo do tipo, pela teoria objetiva não poderia ele ser considerado autor. Tal conclusão, sem muito esforço, não parece ser a melhor. (GRECO, 2015, p. 484).

Dialogando com o descrito, a situação concreta da "Chacina das Cajazeiras" se revela semelhante. A cúpula da **GDE**, a despeito de possuir o domínio da ação criminosa em si, tendo determinado aos seus faccionados a realização do ataque na região de atuação preponderante da facção criminosa rival, com o custo de muitas vidas ceifadas, em nenhum momento praticou o núcleo do tipo penal descrito no **Art. 121** do Código Penal. Nesses casos, mesmo assim não podem ser considerados meros partícipes, mas, verdadeiros autores. (PIERANGELI, 1999, p. 55). Contudo, não foi o elemento "erro", como na hipótese acima, que justificou essa solução, mas sim a existência de um aparato de poder organizado (nesse caso, a própria existência organização criminosa **GDE**).

Nesse sentido, tem-se a **teoria do domínio do fato**, surgida em 1939 com o finalismo de Hans Welzel, à qual se mostrou sensivelmente superior às demais por conseguir alcançar, com acerto e justiça, as mais diversas maneiras de manifestação de autoria, além de diferenciar com clareza autor e partícipe.

Segundo Welzel (1956), o domínio finalista do fato é característico da autoria, não sendo necessário que o autor execute pessoalmente o fato em todas as suas fases, desde a cogitação até a consumação, podendo servir-se de meios mecânicos, bem como de terceiros, bastando a conservação do domínio sobre o fato, a despeito de terceiros, meros instrumentos.

Vale destacar que o âmbito de aplicação da Teoria do Domínio do Fato limita-se à autoria dolosa, pois, conforme esclarecem Zaffaroni e Pierangeli (1999), o autor do crime culposo é tão somente o causador; enquanto o autor doloso é aquele que possui o domínio do fato.

Ainda sobre a **Teoria do Domínio do Fato** e a definição de autor e partícipe, Bacigalupo (1994, p. 119 apud GRECO, 2015, P. 486-487) destaca que:

O domínio do fato é um conceito regulativo (Roxin-Henckel); não é um conceito onde é possível dar uma fórmula fechada, senão que depende das circunstâncias totais do fato mesmo. Somente na presença de todas as circunstâncias se pode estabelecer quem "dominou o fato", quem é o que "tem as rédeas dos fatos nas mãos"; ou bem quem é que pode decidir que o fato chegará à consumação, o qual geralmente é correlativo de quem pode decidir se o fato continua ou se desiste dele; o que possui o manejo dos fatos e o leva a sua realização, é autor; o que simplesmente colabora, sem ter poderes decisórios a respeito da consumação do fato, é partícipe.

O modelo desenvolvido por Claus Roxin distingue três tipos de domínio, são eles: **o do fato pela ação, o do fato funcional e o do fato pela vontade**. Nesse sentido, acompanhe-se que, ao exercer **o domínio da ação**, o sujeito, comissivamente, realiza um ato que se subsume ao fato típico, ele tem o domínio sobre sua ação e também sobre o resultado. Já **o domínio do fato funcional** é caracterizado pela coautoria, ou seja, pela cooperação e divisão de trabalho. Por fim, temos o **domínio da vontade**, característico da autoria mediata em que o autor realiza um tipo penal, não por suas próprias mãos, mas através de outra pessoa que não pode opor resistência à vontade dominante e, portanto, é designada como um instrumento.

Na seara do domínio da vontade, podem ser apontadas três formas fundamentais de realização do tipo através de outra pessoa atuando como instrumento. Na primeira delas, o agente opera por **erro**, não tendo conhecimento de que está sendo utilizado como instrumento para a prática maliciosa de um crime. Na segunda hipótese, temos o uso da força, **coagindo-se** alguém à realização do crime. Aqui também o executor da ação está desconectado da vontade. Já a terceira forma de execução mediata do tipo é chamada por Roxin (1970) de **domínio da vontade mediante um aparato de poder organizado.**

Nessa última hipótese, temos a figura daquele que se presta à execução de um plano para uma entidade hierarquicamente organizada, que pode ser um bando, uma organização política ou militar. Na autoria pelo domínio da vontade mediante um aparato de poder organizado, quem atua no controle do poder e dá as ordens, domina o sucesso da ação sem coação ou erro, pois pode, para assegurar a sua realização, substituir o executor, tido como fungível, conforme já destacado.

Roxin (1970) ressalta ainda que a livre decisão de vontade daquele que atua diretamente, o que normalmente afasta da punibilidade aquele que permanece por trás da realização do tipo, só pode ser deixada de lado pelo erro, pela coação ou pela fungibilidade do executor. (SILVA, 2014, p. 77-78, grifo do autor).

Não é difícil perceber que a responsabilização criminal do chefe da **GDE** no episódio da "Chacina das Cajazeiras", pelo menos em nível de Polícia Judiciária, deu-se pela aplicação da **Teoria do Domínio do Fato**, mais especificamente em razão do **domínio da vontade** mediante um **aparato de poder organizado** (facção criminosa **GDE**), considerando-o como o "homem de trás" ou "autor de escritório".

Nas palavras de Roxin, [a **Teoria do Domínio da Organização**] se baseia na tese de que em uma organização delitiva, os homens de trás, que ordenam fatos puníveis com poder de mando autônomo, também podem ser responsabilizados como autores mediatos, se os executores diretos igualmente forem punidos como autores plenamente responsáveis. Estes homens de trás são caracterizados, na linguagem alemã corrente, como "autores de escritório" (*Schreibtischtäter*). A razão imediata para este esforço era justamente o processo promovido em Jerusalém contra Adolf Eichmann, um dos principais responsáveis pelo assassinato de judeus no período nazista. (ROXIN, 2009, p. 69-70)

Destaca-se que a inovação consistiu em ampliar o conceito da autoria mediata para nela inserir as hipóteses em que o executor tinha plena consciência de seus atos, como nos casos do extermínio de judeus pelos nazistas e do homicídio de alemães orientais durante tentativas de cruzar o muro de Berlim. Em ambos os casos, é impossível falar em autoria mediata na definição até então conhecida (autoria mediata por erro, coação ou uso de incapazes como instrumento), ou em mera participação dos "chefes". (SILVA, 2014, p. 78)

O modelo proposto por Roxin dispõe sobre o funcionamento das estruturas que estão à disposição de um superior. Tais estruturas funcionam sem que seja imprescindível a figura do executor do delito individualmente considerado. Os autores imediatos são peças de uma engrenagem maior e funcionam de forma praticamente automática, pois, ainda que um dos executores não cumpra a ordem, como destacado, outro imediatamente ocupará seu lugar, cumprindo-a. Logo, aquele que se negou a agir não tem o poder de impedir o fato, podendo apenas eximir-se de participar.

Destaca-se neste ponto que os executores são peças intercambiáveis na engrenagem das estruturas de poder, de modo que a figura central na sucessão – apesar da perda da proximidade com o fato – é superior em virtude de sua medida do domínio da organização". (KAI AMBOS, 2002, p. 46)

Logo, a teoria de Roxin caracteriza-se pela fungibilidade do autor imediato (ou executor), não sendo necessário nem mesmo que o autor mediato (homem de trás) o conheça; pelo domínio da organização por parte dos autores das ordens (homem de trás ou autor mediato); e pela atuação do aparato de poder à margem do Direito ou expressamente contra as normas jurídicas, embora alguns autores afirmem que a desvinculação do Direito "não constitui uma condição nem suficiente nem necessária do domínio por organização" (AMBOS, 2002, p. 72)

Ademais, o domínio por organização pode apresentar-se por meio de estruturas de poder de organização estatal (v.g. sistema nazista) ou de estrutura de poder de organização não estatal (v.g. cartéis do narcotráfico).

Com efeito, as definições acima de estruturas de poder organizadas não estatais e à margem do direito para o fito de aplicação da **teoria do domínio da organização** encaixam-se como calha à fiveleta, no que representam hoje as organizações criminosas, a exemplo da **GDE**. Assim, os faccionados, notadamente os integrantes que compõem a base dessas facções, são meramente peças de uma engrenagem muito maior e que funciona de maneira semiautomática, conforme regras e interesses dos integrantes das cúpulas dessas organizações criminosas.

Afirma-se que essas engrenagens do crime funcionam de modo semiautomático, na medida em que é necessário apenas quem está no topo definir as regras, princípios e valores que irão irradiar para todos que integram a organização criminosa. A chefia da facção criminosa, portanto, funciona como a chave da ignição que, uma vez acionada, faz com que a máquina do crime opere por si só, de maneira automatizada. Daí a existência, até mesmo, de estatutos dessas facções criminosas, conforme alhures já visualizado.

Como se percebe, quem domina o fato curiosamente é quem geralmente está dele mais distante (daí a denominação de "homens de trás" ou "autores de escritório"), porém é quem também estabelece as diretrizes da organização criminosa que irão modular e disparar todo um complexo de ações criminosas.

Em face disso, defende-se a ideia de que os integrantes das cúpulas das organizações criminosas, uma vez que assumem o papel de definir como diretriz da sua organização criminosa, por exemplo, a eliminação de faccionados integrantes da organização criminosa rival, estejam estes onde estiverem fisicamente, serem, igualmente aos autores imediatos, também responsabilizados por todas as mortes praticadas pelo seu exército de faccionados.

É claro que tal responsabilização se daria na hipótese de tais homicídios terem sido praticados unicamente por obediência aos ditames oriundos da facção criminosa – ou seja, matar um integrante da facção rival unicamente pelo fato desse pertencer a determinada organização criminosa ou ainda pelo simples fato da vítima residir em uma área de domínio da facção rival, como também é comum se verificar.

Já nas hipóteses de homicídios perpetrados por outros motivos particulares atinentes tão somente ao autor direto e à vítima, a responsabilização dos chefes da facção criminosa estaria, por óbvio, excluída, por ausência de nexo de causalidade, o que, claro, deve ser minuciosamente investigado/comprovado pela Polícia Judiciária.

A despeito dessa necessária ressalva, a experiência de uma década dedicada à presidência de investigações policiais, grande parte dela concentrada à investigação de organizações criminosas voltadas essencialmente à prática de homicídios e da traficância ilícita de entorpecentes, possibilita afirmar, com absoluta segurança, inclusive apoiada em conhecimentos não somente empíricos, mas também estatísticos, que a esmagadora maioria das motivações presentes nos crimes de homicídios ocorridos em Fortaleza teve e tem como motivação a rixa de grupos criminosos rivais, como, inclusive, já constatado em linhas ao norte.

À propósito, quando se perquire nesses inquéritos policiais acerca dos detalhes em torno da motivação criminosa, na maioria deles, não se encontra outra motivação particular relacionada ao autor e à vítima que não a de que aquele assassinou seu algoz tão somente pelo fato deste pertencer à facção rival. Chega a ser constrangedor e, de certo modo, incongruente justificar crimes tão bárbaros praticados por meio de decapitações, esquartejamentos, retirada de órgãos vitais e exposição desses em via pública, unicamente pelo motivo de autor e vítima serem integrantes de facções rivais. Mas essa é a pura realidade.

Pela **Teoria do Domínio da Organização**, os chefes das facções criminosas criam um "Estado dentro do Estado", com suas próprias regras, obviamente, transgressoras, e exigem daqueles que participam com eles da organização criminosa, que as sigam. Nesta situação, sempre que um dos participantes do grupo cumprisse qualquer destas regras criminosas praticando crimes, poderia haver imputação destes crimes também ao chefe do grupo, instantaneamente, na qualidade de autor. (GHIRALDI, 2016, *on-line*)

De acordo com o criador da **Teoria do Domínio da Organização**, é rechaçada a aplicação da coautoria nos casos de domínio por organização, posto que aquela exige resolução comum, execução conjunta do fato e estrutura horizontal da ação. Enquanto nos casos de domínio por organização prevalece a estrutura vertical da ação, característica da autoria mediata, sendo que os autores mediatos e imediatos não precisam sequer se conhecerem, não acordam nada conjuntamente, não têm decisões de igual importância e não dividem as tarefas ou o domínio funcional do fato. (ROXIN, 2009 e SILVA, 2014, p. 80, grifo do autor)

Afirma-se, há alguns elementos necessários para a configuração desta espécie de autoria mediata. Primeiramente, só é possível este tipo de raciocínio em "organizações" ou "centros de poder" que, dotados de sólida estrutura hierárquica, fundada em rígida disciplina interna, passam a dispor de um *modus operandi* próprio, quase automático, sendo certo que, desta forma, muitos de seus membros tornam-se meros instrumentos. Ainda é necessário que tal estrutura se perfaça como unidade funcional, subjugando a existência individual de seus integrantes. A sua hierarquia passa a consubstanciar-se em instrumento serviente às decisões tomadas por sua cúpula. (SILVA, 2014, p. 81 sobre Dias, 1999)

Mesmo que a iniciativa aparentemente seja de um subordinado, este a tem sob os auspícios da organização que se sobrepõem à figura do executor, servindo este como meio eficaz para a perpetração do objetivo criminoso primeiro, acordado por seus dirigentes.

Fato é que, a solução ora estudada para responsabilização criminal dos chefes de facções criminosas pelo mar de sangue que provocam na sociedade, juntamente com seus soldados do crime, pode originar desconforto ou até mesmo ácidas críticas dos chamados garantistas hiperbólicos monoculares, expressão criada por Douglas Fischer para designar aqueles que se preocupam unilateralmente e de modo desproporcional com os direitos e garantias dos indivíduos aqui, no caso, dos infratores, colocando-os numa espécie de "bolha" quase que intocável, olvidando que estes fazem também parte de um corpo coletivo que deve igualmente ser respeitado/protegido.

Trata-se de uma designação destinada aqueles que promovem um esforço hercúleo de interpretação e aplicação das leis penais de modo absolutamente desequilibrado e, o que é pior, sob um discurso escamoteado de pseudoproteção aos direitos humanos.

Destaca-se ainda que a **Teoria do Garantismo Penal**, estudada por Luigi Ferrajoli, traduz claramente o adequado desenvolvimento de um estado de direito equilibrado, proporcional e integral, correlato às garantias jurisdicionais presentes em uma relação processual penal. Atuar conforme os preceitos do Estado Democrático de Direito, significa assumir responsabilidade por sua preservação, sendo esta a essência pura da **Teoria do Garantismo Penal Integral**, que vela pela proteção dos direitos e garantias fundamentais individuais e, ao mesmo tempo, oferta à sociedade o direito de ter instrumentos processuais que lhe tragam estabilidade e segurança no meio coletivo, de forma que haja, entre os interesses individuais e sociais, verdadeira harmonia, equilíbrio e ponderação dos valores constitucionais. (MARQUES, 2018, *on-line*).

O equívoco constatado é que, nos últimos anos, no Brasil, os anseios de segurança e justiça da sociedade não vêm sendo atendidos a contento, pois se nota que a interpretação e aplicação das leis do sistema jurídico penal e processual penal, em inúmeros casos, tem se desenvolvido de modo contrário ao ideal proclamado na essência da **Teoria do Garantismo Integral** proposta por Ferrajoli. Isso porque os interesses individuais têm aproveitado de exacerbada proteção em flagrante detrimento aos interesses sociais. Esta é a mais nítida e desastrosa configuração do garantismo hiperbólico monocular presente de modo peculiar no direito brasileiro.

O chamado garantismo hiperbólico monocular, como explanado, significa a proteção exagerada e desproporcional ao investigado, indiciado e também réu na relação processual penal e está interligado à sensação de impunidade, que supervaloriza os direitos individuais e, ao mesmo tempo, negligencia a proteção dos interesses coletivos e sociais, abalando a credibilidade da justiça e gerando grande insegurança jurídica e social.

Não é correto, tampouco aceitável, utilizar a fundamentação da teoria garantista do autor Ferrajoli de forma distorcida com o escopo de sustentar teses defensivas que intentam deslegitimar a persecução penal até se alcançar a impunidade indevida, seja qual for o grau de lesividade cometido ao bem jurídico e, o que é pior, fazer tudo isso sob o discurso de pseudoproteção aos direitos humanos. Tal conduta, como adiantado, é nominada pela doutrina de garantismo "à brasileira", visto que se caracteriza pela forte inversão de valores presentes nas relações jurídicas criminais ocorridas no Brasil, refletindo e colidindo de frente, de forma negativa e preocupante, com os fundamentos do Estado Democrático de Direito e impossibilitando a efetiva e verdadeira proteção aos direitos humanos. (MARQUES, 2018, *on-line*).

Como visto, o garantismo hiperbólico monocular ou garantismo "à brasileira", representa justamente a contraposição do garantismo penal integral que visa resguardar direitos fundamentais não só dos indiciados/réus, mas também das vítimas e da sociedade como um todo. Todos temos o dever, enquanto cidadãos, de defender o garantismo que nada mais é do que o fiel e legítimo cumprimento da lei e proteção aos direitos e garantias individuais do cidadão, legitimando, inclusive, o poder punitivo estatal. O que não se pode é inverter valores e cultuar a "bandidolatria", transformando o país num paraíso da impunidade e referência mundial do crime, envergonhando a mim, a você leitor e a todos os brasileiros que não dedicam suas vidas à criminalidade.

Por fim, entende-se que, pela **teoria do domínio da organização criminosa**, os integrantes das cúpulas das organizações criminosas devem ser responsabilizados (como autores mediatos) por todos os crimes cometidos pelos demais membros da facção criminosa que comandam. Tal solução parece consentânea com o garantismo penal integral e com os mais lídimos princípios de justiça.

Do contrário, continuar-se-á a assistir os indivíduos perniciosos que se encontram no comando dessas organizações criminosas permanecerem ocultos, zombarem do sistema de justiça criminal, das Instituições e de todos os cidadãos. Tais criminosos não sentem a força estatal proporcional à gravidade de suas ações e se veem confortáveis para retroalimentar, de modo infinito, as máquinas mortíferas que representam as organizações criminosas que chefiam.

Por fim, é óbvio que apenas a responsabilização criminal da cúpula das organizações criminosas, nos moldes ora apresentados, apesar de representar um avanço importante em relação à temática, não teria o condão, por si só, de erradicar o problema complexo e difuso que elas representam para o País. É cediço que se faz necessária uma série de medidas que envolvem, dentre outras, a quebra de paradigmas processuais penais – no sentido de transformá-lo, no mínimo, menos contraproducente, mais lógico, célere e eficiente - assim como, notadamente e paralelamente, políticas públicas voltadas sobretudo para o eixo social, a exemplo da educação.

TEORIAS CRIMINOLÓGICAS. DE NOVA IORQUE A CHICAGO.

"Pensar o passado para compreender o presente e idealizar o futuro". A frase, atribuída ao filósofo grego Heródoto, muito bem explica nossos maiores objetivos ao desenvolver o presente capítulo.

De fato, a fim de melhor compreendermos o problema da criminalidade na cidade de Fortaleza/Ce, ampliamos o campo de visão tanto no aspecto temporal quanto espacial buscando identificar fatores comuns visualizados em outras grandes cidades, em períodos pretéritos, que possam ter contribuído para a eclosão de crises relacionadas à questão da criminalidade.

Nesse sentido, qual seria a relação existente entre o crescimento urbano, a (des)organização das cidades e a criminalidade, sobretudo juvenil? Visando buscar elementos para responder a esse questionamento, nos utilizaremos de alguns dos princípios sociopsicológicos desenvolvidos tanto pela **Teoria das Janelas Quebradas** ("**Broken Windows Theory**") quanto pela Escola de Chicago, focando, em relação a esta última, na **Teoria da Ecologia Social**.

Ambas estudaram os fenômenos que poderiam influenciar a criminalidade e, a partir de suas conclusões, ousaram sugerir propostas que embasaram medidas concretas implementadas em grandes cidades com o escopo de obter transformações sociais positivas.

Em relação à cidade de Nova Iorque, temos, inicialmente, a experiência de Philip Zimbardo, da Universidade de Stanford, relacionada com a **Teoria das Janelas Quebradas**, que consistiu, sinteticamente, em, no ano de 1969, colocar dois veículos idênticos abandonados, um na conflituosa e pobre região do Bronx, em Nova Iorque, e outro em Palo Alto, zona rica e tranquila da Califórnia.

Observou-se que o automóvel do Bronx foi rapidamente saqueado e deteriorado, enquanto que o de Palo Alto permaneceu intacto. A experiência prosseguiu e decidiram quebrar o vidro do veículo abandonado em Palo Alto, ocasião em que passou a ser saqueado e depredado, igualmente como ocorreu com o do Bronx.

Imagem 1 - Carros e prédios abandonados em Bronx, 1970.

Imagem 2 - Crianças brincado num carro abandonado, South Bronx, 1970.

A partir dessas constatações, em 1982, o cientista político James Q. Wilson e o psicólogo criminologista George Kelling publicaram um estudo na revista Atlantic Monthly, estabelecendo, pela primeira vez, uma relação de causalidade entre desordem e criminalidade. (ANDRADE, 2011, *on-line*).

> Philip Zimbardo é professor da Universidade de Stanford desde 1968. Em 2003, recebeu o Prêmio IgNobel de psicologia pela sua tese em que descrevia os políticos como Uniquely Simple Personalities. Em 2005, recebeu o Havel Foundation Prize pela sua vida de pesquisas sobre a condição humana. Está atualmente trabalhando na cronologia de Experimento do aprisionamento de Standford e sua relação com os abusos na prisão de Abu Ghraib e outras formas de vilanias. Lançou, em 2007, o livro O Efeito Lúcifer: Entendendo como pessoas boas se tornam diabólicas (The Luficer Effect: Understanding How Good People Turn Evil). Foi presidente da Western Psychological Association em duas ocasiões, Presidente da American Psychological Association, e escolhido Chair do Council of Scientific Society Presidents (CSSP)."
>
> (PHILIP..., 2018, *on-line*).

O crime não teria, assim, necessária relação com a pobreza em si, mas sim com a psicologia humana e as relações sociais quando se observava sinais de desordem, abandono e permissividade extremada. Desta feita, concluem, qualquer pequena desordem deveria ser imediata e contundentemente combatida, a fim de impedir maiores danos sociais. Na lógica da **Teoria das Janelas Quebradas**, pequenas desordens levariam a grandes desordens e a generalização destas propiciaria um ambiente favorável ao crime (ANDRADE, 2011).

Em julho de 1994, o então prefeito de Nova Iorque, Rudolph Giuliani, e seu chefe de polícia, William Bratton, iniciaram a implantação do que ficou conhecida como "**Política da Tolerância Zero**", de certa maneira fundamentada, pelo menos em tese, nos princípios da "**Teoria das Janelas Quebradas**". Assim, a mínima desobediência aos padrões de condutas sociais pré-estabelecidos deveria ser castigada e o melhor meio de evitar delitos graves seria, na lógica da tolerância zero, punir severamente as faltas leves. Com efeito, passou-se a penalizar, em alguns casos, até mesmo com prisão, por exemplo, atos como mendicância, prostituição, pichações, urinar nas ruas, beber em público etc. (COUTINHO; CARVALHO, 2015).

Imagem por Getty Images

William Bratton

"William Joseph Bratton CBE (nascido em 6 de outubro de 1947) é um policial e empresário americano que serviu dois mandatos como Comissário de Polícia de Nova York (1994-1996 e 2014-2016). Serviu também como Comissário do Departamento de Polícia de Boston (BPD) (1993-1994) e Chefe do Departamento de Polícia de Los Angeles (LAPD) (2002-2009). Bratton atuou como consultor de segurança em várias funções, incluindo assessoria ao governo britânico."

(WILLIAM..., 2019, tradução livre).

Em Nova Iorque, a iniciativa produziu de 40 a 85 mil (dependendo da estatística) novas prisões — pelas tais infrações menores — no período de 1994 a 1998 (Estado de Nova York, Relatório da Divisão de Serviços de Justiça Criminal de 2000). Para lembrar o frenesi punitivo, basta saber que na disputa para a Prefeitura da cidade, em 1993 (David Dinkins *versus* Rudolf Giuliani), o tema central sobre a segurança girou em torno dos *squeegeemen*, aqueles "garotos perigosos" que jogam água no vidro dos carros quando estão parados, lavam-nos e, depois, pedem dinheiro. (COUTINHO e CARVALHO, 2015, *on-line*)

Ora, isso é pura hipocrisia, porque se sabia de antemão o que se queria ouvir. Já se tinha, porém, uma experiência anterior do modelo. Em junho de 1992, a cidade de Chicago implantou um decreto de vadiagem antigangues proibindo cidadãos de se reunirem em público "sem nenhum propósito aparente". Não obedecer tal disposição implicava no pagamento de uma multa de até US$ 500,00, ou prisão por até seis meses, ou prestação de serviços à comunidade até 120 horas, ou, ainda, todas as três penas combinadas (§8-4-015 do Código Municipal de Chicago). No período de 1993 a 1995, foram expedidas mais de 89.000 ordens de dispersão e foram presas mais de 42.000 pessoas sob a vigência do decreto. A festa discriminatória acabou quando a Suprema Corte declarou, em 1999, inconstitucional (*unconstitutionally vague*) o referido decreto, no caso City of Chicago v. Morales (527 U.S. 41).

Em princípio, costuma-se relacionar a adoção dessa política com a redução das taxas de criminalidade. Esse dado isolado, contudo, se processado de modo rápido e superficial, pode levar a replicação de falsas premissas e a construção de um silogismo incongruente, com conclusões inválidas.

Inicialmente, fora observado que as taxas de criminalidade na cidade de Nova Iorque já vinham decrescendo mesmo antes do primeiro mandato do prefeito Rudolph Giuliani, em 1994. De fato, com Giuliani como *mayor*, os crimes em Nova Iorque, em geral, experimentaram decréscimo de 57%. Só os assassinatos foram reduzidos em 65% (RUDOLPH..., 2019). Contudo, além de Nova Iorque, outras cidades americanas experimentaram, ao longo também dos anos 90, decréscimos iguais ou até maiores em suas taxas de criminalidade, sem que tivessem implementado a política da tolerância zero estabelecida em Nova Iorque (algumas, inclusive, adotaram políticas com fundamentos diametralmente opostos). São exemplos de cidades americanas que também experimentaram quedas em suas taxas de criminalidade neste mesmo período: Boston, Houston e Los Angeles, apenas para citar alguns exemplos. (COUTINHO; CARVALHO, 2015).

Ademais, é importante que se diga que outros fatores, paralelos a adoção dessa política, tiveram um contributo importante na redução das taxas de criminalidade na cidade de Nova Iorque naquele período, a exemplo da queda do número de jovens de 18 a 24 anos de idade, duplicação do número de policiais, um orçamento do NYPD da ordem de 2,6 bilhões de dólares, as próprias condições econômicas como um todo, favoráveis na década de 90, dentre outras. (COUTINHO; CARVALHO, 2015).

NYPD

O Departamento de Polícia de Nova Iorque (em inglês, *New York City Police Department* ou NYPD) é o departamento de polícia da cidade de Nova Iorque, o maior dos Estados Unidos e também a maior força policial municipal do mundo. Possui a responsabilidade primária de garantir o cumprimento da lei e investigar nos cinco burgos da cidade: Manhattan, Bronx, Brooklyn, Queens e Staten Island, através dos 123 *precincts* (distritos policiais). Quando criada, em 1845, a NYPD teve a Metropolitan Police de Londres como modelo. De acordo com o departamento, sua missão é 'garantir o cumprimento das leis, preservar a paz, reduzir o medo e fornecer um ambiente seguro', o que envolve a prevenção e resposta ao crime. Os membros da NYPD são frequentemente chamados de 'os melhores de Nova Iorque' ('*New York's finest*'). A sede da NYPD fica no One Police Plaza, localizado no Park Row do outro lado da rua da prefeitura de Nova Iorque."

(NEW YORK..., 2019, *on-line*).

Policiais do NYPD, 1899.

Fonte: acervo da biblioteca pública de NY.

Desta feita, destaca-se que a estratégia policial adotada por Nova Iorque na década de 1990, portanto, não é necessária nem suficiente para explicar a queda da criminalidade nessa cidade. Em verdade, pelo menos seis fatores, independentes da atividade da polícia e da justiça, combinaram-se para reduzir significativamente a incidência de crimes violentos nas metrópoles norte-americanas, senão vejamos.

Inicialmente, um **crescimento econômico sem precedentes** por sua amplitude e duração proporcionou trabalho a milhões de jovens até então condenados à inatividade. Depois, o **número de jovens** (principalmente de 18 a 24 anos, os mais vulneráveis ao envolvimento em infrações violentas), como já destacado, diminuiu, o que refletiu quase que instantaneamente em um refluxo da criminalidade de rua. O **comércio de pasta do crack** nos bairros desfavorecidos estruturou-se e estabilizou-se; os usuários passaram a consumir **outros entorpecentes** (maconha, heroína e anfetaminas), cujo tráfico gera menos violência porque opera através de redes de conhecidos, mais do que por trocas anônimas em lugares públicos. Além dessas três causas econômicas, sociais e demográficas, um e**feito de aprendizagem** afastou os jovens nascidos depois de 1975 das drogas pesadas e do estilo de vida a eles associado, por se recusarem a sucumbir ao destino macabro que viram ter seus irmãos mais velhos, primos e amigos: toxicomania incontrolável, reclusão criminal, morte violenta e prematura. Em seguida, as igrejas, escolas, associações diversas, clubes de bairro, coletivos de mães de crianças vítimas de matanças de rua se mobilizaram nas zonas de exclusão e exerceram, por onde ainda podiam, sua capacidade de **controle social informal**.

Assim, a conjunção desses fatores é suficiente para explicar o declínio da criminalidade violenta nos Estados Unidos naquele período. Mas o tempo longo e lento da análise científica não é esse, rápido e irregular, da política e da mídia. A máquina de propaganda de Giuliani soube aproveitar esse atraso natural da investigação criminológica para preencher o vazio de explicação com um discurso pré-fabricado sobre a eficiência da repressão policial unicamente. (WACQUANT, 2002, *on-line*)

O que se observa nesse modelo, com bastante clareza inclusive, é a preponderância do estado penal, olvidando-se do estado do bem-estar social.

De modo mais agravante, observou-se ainda a execução dessa política por meio do *labelling approuch* (etiquetamento) ou estigmatização que, além de não solucionar a questão criminal, promove, ao revés, seu agravamento.

Sobre a aplicação da **Política da Tolerância Zero** e denunciando a tentativa dos seus executores em relacioná-la com a **Teoria das Janelas Quebradas**, destaca-se que o último mito planetário sobre a segurança proveniente dos Estados Unidos é a ideia segundo a qual a política da "**Tolerância Zero**", considerada responsável pelo sucesso policial de Nova Iorque, se basearia numa teoria criminológica cientificamente comprovada, a famosa "**Teoria das Janelas Quebradas**".

Como visto, ela postula que a repressão imediata e severa das menores infrações na via pública detém o desencadeamento de grandes atentados criminosos (r)estabelecendo nas ruas um clima sadio de ordem – prender os ladrões de galinhas permitiria paralisar potenciais bandidos maiores. Ora, essa pretensa teoria é tudo menos uma teoria científica, já que foi formulada, há vinte anos, pelo cientista político conservador James Q. Wilson e George Kelling sob a forma de um texto de nove páginas – publicado não numa revista de criminologia, submetida à avaliação de pesquisadores competentes, mas numa revista semanal cultural de grande circulação. E nunca recebeu, desde então, o menor indício de prova empírica. (WACQUANT, 2002, *on-line*)

> [...] a adoção do assédio policial permanente da população pobre de Nova York não tem, segundo declarações dos próprios inventores, ligação alguma com qualquer teoria criminológica. A famosa "Vidraça Quebrada" só foi descoberta e invocada pelos oficiais nova-iorquinos a *posteriori*, a fim de fantasiar com adornos racionais medidas populares junto ao eleitorado (em sua maioria branco e burguês), mas discriminatórias tanto em princípio como na aplicação, dando assim um aspecto inovador ao que era apenas um retorno a uma velha receita policial [...] Jack Maple, que foi o iniciador dessa política no metrô antes de estendê-la à rua, diz, aliás, sem subterfúgios, em sua autobiografia Crime Fighter, publicada em 1999: "A Teoria do Vidro Quebrado é apenas uma extensão do que tínhamos o hábito de chamar a "Teoria dos Testículos Despedaçados" (Breaking Balls Theory)". Originária da sabedoria policial comum, que estipula que se os policiais perseguirem com insistência um criminoso notório por pequenos crimes, ele acabará, vencido pelo cansaço, por abandonar o bairro para ir cometer seus delitos em outro lugar.
>
> [...]. A ideia de que a polícia poderia fazer baixar a criminalidade violenta combatendo incivilidades parece-lhe "patética" e ele dá uma grande quantidade de exemplos contrários

tirados de sua experiência profissional. E compara o prefeito que adotasse essa tática policial a um médico que "fizesse um lifting num canceroso", ou a alguém que fizesse caça submarina e pegasse "golfinhos em vez de tubarões".

[...] uma cadeia de aparência silogística que permite justificar a adoção de uma política de "limpeza de classe" essencialmente discriminatória. Baseia-se, na realidade, numa equivalência entre agir fora das normas e estar fora da lei, visa bairros e populações previamente suspeitas – quando não consideradas previamente culpadas.

(WACQUANT, 2002, *on-line*)

Assim, referida política passou a ser, na prática, uma decantação social por meio do direito penal com forte protagonismo das forças policiais. Houve um verdadeiro encarceramento em massa, notadamente de jovens negros pobres, justamente o perfil social mais vulnerável naquele contexto.

A preocupação única era tão somente punir aqueles que tivessem desvios de comportamento, mas não buscar saber (ou, sabendo, não se imiscuir nessa seara, jamais!) o que de fato havia levado tais indivíduos a praticarem aquelas condutas, nem muito menos reabilitá-los. Simplesmente, os marginais – exatamente aqueles que vivem à margem da sociedade "normal" – eram retirados das ruas – por incomodar, gerar medo e enojar os inseridos socialmente – e colocados em cadeias, a fim de que não mais incomodassem o regular fluxo da sociedade. Transportavam-se as pessoas de um lugar para outro (das ruas para as prisões), porém, a raiz do problema não deixava de existir. Era a punição pela punição, uma receita que a história já provou, por diversas vezes, e em diferentes contextos, ser estéril e insustentável.

Nesse diapasão, a obra "Vigiar e Punir", de Foucault (2018, p. 290), possui uma passagem que retrata muito bem o que se está aqui a destacar e que também, como sabemos, não se revelou, à época, eficaz na Europa, notadamente nos séculos XVIII e XIX: "A mínima desobediência é castigada e o melhor meio de evitar delitos graves é punir muito severamente as mais leves faltas". Assim, a Política da Tolerância Zero serviu para dar uma repaginada na forma como seria propagada à população esse modo estatal de lidar com a criminalidade. Porém, continuando a bater na mesma tecla, com o passar dos anos, colheu os mesmos resultados infrutíferos de outrora.

Na prática, promoveu-se uma verdadeira "caça às bruxas", leia--se, jovens pobres e negros. Naquela lógica, esses, num ambiente de desordem, geram crimes. Os crimes provocam medo, que, por sua vez, legitima a ação do Estado-policial mais contundente, que limita liberdades. Essa ação estatal causa revolta que provoca mais desordem e retroalimenta mais ações delituosas, estabelecendo mais uma vez o medo. Ou seja, percebe-se a ineficácia desse ciclo interminável. A realidade que se constata é que "[...] à atrofia deliberada do Estado social corresponde a hipertrofia distópica do Estado penal" (WACQUANT, 2001, p. 80).

Crime

A população carcerária dos EUA, em 15 anos, triplicou, chegando a aumentar em 8% ao ano na década de 1990. Tal fato se deu com a criação de leis que atingiram principalmente os delinquentes de pequena monta, normalmente envolvidos com drogas e, via de regra, pertencentes às classes mais pobres.

(TOLERÂNCIA..., 2018, *on-line*).

A **Política da Tolerância Zero** e a **Teoria das Janelas Quebradas** sob essa nova perspectiva, pode-se enxergar melhor os pontos que, talvez, mereceriam alguns ajustes para o alcance de resultados mais consistentes naquele contexto.

Em princípio, acredita-se não ter como tratar da criminalidade e não destacar a imprescindibilidade do fortalecimento das forças de segurança pública, leia-se, ter uma polícia ostensiva e investigativa com efetivos proporcionais à população das suas áreas de atuação, ótimos salários, garantias/prerrogativas funcionais para o enfrentamento da criminalidade com segurança em todos os aspectos, equipamentos de gestão e operacionais de ponta para uma atuação preventiva e punitiva contundente, célere, responsável, eficiente e, óbvio, com absoluto respeito às garantias constitucionais do indivíduo.

Nesse sentido, é necessário destacar que essa atuação policial deve ser sempre residual e fragmentária, nunca a primeira e muito menos a única forma estatal de tentar debelar a criminalidade.

A linha de frente estatal deve ser os equipamentos e as políticas públicas sociais inclusivas que garantam, pelo menos, o mínimo existencial, o essencial para uma vida digna a todos. Garantindo-se isso, aos que ainda assim insistirem agir contra as regras sociais pré-estabelecidas, violando a ordem instituída, ter-se-ia a atuação (forte) do Estado-polícia e de todo o sistema de justiça criminal.

Essa ação do Estado-polícia deve ainda ser uniforme, isonômica, ou seja, não escolher bairros, classes, cor da pele, nem modos de se vestir. O procedimento que ficou conhecido em Nova Iorque como "*Stop and frisk*" – parada e revista, ao pé da letra – não deve ser aleatório, mas sim focado, com fundamento não em estigmas, mas sim em informes/informações produzidas pela inteligência policial, permitindo uma atuação policial minuciosa, técnica e mais eficiente.

Nesse ponto, ressalta-se que o crime pode até ser mais visível em áreas periféricas, mas é inegável a sua existência, ainda que mais discreta e silenciosa, nas áreas nobres das cidades.

Na verdade, é cediço que os maiores criminosos não andam de pés descalços nem com camiseta de propaganda, muitos deles usam terno e gravata, residem em condomínios de luxo e seus delitos, a despeito de serem geralmente dissociados da violência direta (corrupção, lavagem de dinheiro etc.), provocam os maiores danos à sociedade.

Por isso, insistimos que, sem autonomia para atuação - dentre outras garantias funcionais/institucionais - e investimentos massivos em inteligência policial, essa "espécie" de criminoso, em regra, praticamente fica fora do raio de atuação da polícia e do sistema de justiça criminal como um todo, o que é inconcebível.

É indubitável que a atividade policial fora desses preceitos, além de se revelar ineficiente, a deslegitima, promovendo desacreditação e afastamento indesejado da população em relação ao trabalho da polícia. Nesta seara, o necessário respeito às garantias constitucionais individuais serve, dentre outras coisas, para evitar o ciclo de retroalimentação da violência.

Viatura do NYPD

Destaque para os dizeres: Cortesia, Profissionalismo e Respeito

Especificamente em áreas periféricas degradadas, de fato, os criminosos tendem a ocupar os espaços em que o Estado-social se omite e o Estado-polícia pontualmente visita em ações esporádicas, de cunho eminentemente repressivo. Além disso, criminosos estabelecem nessas regiões alianças e associações, arregimentando, sobretudo, jovens pobres de baixa escolaridade, vulneráveis socialmente e que, muitas vezes, recebem do crime o assistencialismo que tanto almejam receber do Estado, como vimos nos capítulos anteriores ao tratarmos das organizações criminosas.

Tem-se, aqui, uma receita pronta para o desenvolvimento do que será chamado de "**Síndrome de Estocolmo Generalizada**" (**SGE**), onde se constata, em algumas regiões – curiosamente as mais negligenciadas pelo Estado –, a população hostilizando a presença e o trabalho da polícia, ao mesmo tempo em que prefere viver sob a tutela de uma organização – ainda que seja criminosa – pois, naquelas circunstâncias, revela-se àquela comunidade, mais presente e conveniente à solução imediata dos seus problemas locais. Veja-se o tamanho do impacto negativo provocado pela negligência estatal em relação aos direitos sociais e a conexão umbilical disso com a problemática da criminalidade.

Na sequência, outras teorias surgiram com a intenção de compreender e apresentar soluções ao recrudescimento do crime nas grandes cidades. É o exemplo das desenvolvidas pela Escola de Chicago. O contexto histórico é pretérito ao da implementação da **Política da Tolerância Zero** em Nova Iorque. Século XIX, os Estados Unidos da América passavam a experimentar uma grande prosperidade industrial, econômica e financeira. Em contrapartida, a Europa ultrapassava um período de conflitos, muitos deles motivados por disputas por mercados consumidores, o que gerava um clima de desagregação.

Paralelamente a isso, iniciou-se uma corrida armamentista já como estratégia para se proteger ou atacar, caso necessário, num futuro próximo que, sabe-se, viria a ser a Primeira Guerra Mundial. Ou seja, no lugar de continuar a ascender econômica e cientificamente, o medo prosperou em terras europeias. Desta feita, a referência de ciência, pesquisa e conhecimento migrava aos poucos da Europa para os EUA.

Com o acelerado desenvolvimento industrial, o processo avançado e desordenado de expansão urbana (do centro para a periferia) e crescimento demográfico em escala geométrica (acentuada em grande parte pelo fluxo de muitos imigrantes europeus), Chicago (com localização estratégica para a logística das empresas, haja vista que a maioria das ferrovias para o oeste americano passava pela cidade) começava a experimentar graves patologias sociais, como o avanço assustador da criminalidade, delinquência juvenil por meio do surgimento das gangues, bolsões de pobreza, desemprego e formação de comunidades segregadas que ficaram conhecidas como "guetos".

EUA. Chicago. 1946. Um cortiço na South Indiana Avenue,
o tipo de moradia para metade das crianças negras da cidade.

Imagem 1 - Linhas férreas em Chicago, 1920

Nesse contexto, no final do século XIX surge a Universidade de Chicago e, juntamente com ela, o Departamento de Sociologia, responsável pela criação em seguida da Escola de Chicago. Destaca-se, portanto, que foi principalmente a partir do século XX que tal Escola investiu suas pesquisas nas questões da violência e criminalidade, buscando compreender os fenômenos juvenis das gangues, analisando o aspecto do desvio social e de suas relações com os processos de adaptação à vida metropolitana. Nessa conjuntura social, portanto, surge a teoria da Ecologia Humana, fundada na perspectiva de analisar como a cidade – ou o *habitat* social – pode influenciar no comportamento dos indivíduos nela inseridos. (CATÃO e PEREIRA, 2015, p. 133)

Imagem 2 - Universidade de Chicago

Escola de Chicago

As teorias sociológicas apresentadas pela Escola de Chicago, especialmente a da Ecologia Humana, são atualmente compreendidas como referenciais de grande relevância para nortear muitos estudos na área da Criminologia, no sentido de traçar parâmetros mais dinâmicos no entendimento da relação entre o crime e os indivíduos em seus diferentes espaços e contextos sociais; e, também, no campo das Ciências Jurídicas, haja vista que se trata de uma área de conhecimento que, segundo Abramovay (2002, p. 15) alerta para a crise e, eventualmente, para a falência de marcos institucionais e normativos das sociedades modernas.

Nesse contexto, o pensamento positivista de Lombroso que justificava as raízes da criminalidade em elementos puramente psicogenéticos foi sendo superado, passando-se a considerar a influência do ambiente, no caso, das cidades, sobre o comportamento dos indivíduos e o fenômeno da criminalidade. É nesse ponto que, sobretudo a **Teoria da Ecologia Humana**, apresentada pela Escola de Chicago, ganha especial relevância.

Cesare Lombroso (Verona, 6 de novembro de 1835 — Turim, 19 de outubro de 1909) foi um psiquiatra, cirurgião, higienista, criminologista, antropólogo e cientista italiano. Lombroso é creditado como sendo o criador da antropologia criminal e suas ideias inovadoras deram nascimento à Escola Positiva de Direito Penal, mais precisamente a que se refere ao positivismo evolucionista, que baseava sua interpretação em fatos e investigações científicas. Em 1880, funda, juntamente com Ferri e Garofalo, o jornal "Archivio I Psichiatria, antropologia criminale e scienza penale" que se tornou o grande porta-voz do movimento positivista. Desenvolveu a teoria de que o criminoso é vítima principalmente de influências atávicas, isso é, uma regressão hereditária a estágios mais primitivos da evolução, justificando sua tese com base nos estudos científicos de Charles Darwin."

(CESARE..., 2018, *on-line*).

Assevera-se que, para a Ecologia Humana, as diferentes áreas encontravam-se em relação de simbiose, isto é, necessitavam uma da outra para existir, sendo elas provenientes de processos naturais e não da vontade humana, bem como participavam de uma relação de invasão e dominação, em diferentes aspectos e por diversos motivos. Em resumo, são esses elementos que vão atuar como as molas propulsoras das dúvidas suscitadas para os estudos da Escola de Chicago, sendo, para tanto, dedicadas várias pesquisas enfocando questões como pobreza, crise de valores, propriedade e delinquência.

Ressalta-se ainda que a cidade é um superorganismo, onde a perspectiva de vida coletiva é assumida como um processo concreto de relação entre meio ambiente, população e organização; logo, o comportamento humano é fruto de vetores socioambientais, e as mazelas presentes na sociedade advêm da desorganização social, não de um determinismo biológico. Então, é a partir desse pensamento que Burgess desenvolve um estudo sobre a cidade, no qual esta se expande em padrões de círculos concêntricos, criando, assim, a **Teoria das Zonas Concêntricas**, tendo como objetivo a comprovação da influência da estruturação urbana e social na vida dos indivíduos.

Ademais, Burgess constatou na cidade de Chicago uma expansão radial, dividindo-a em cinco zonas, atribuindo, ao longo de suas pesquisas, particulares aspectos a cada uma delas, bem como verificando a atuação dos fatores de invasão, dominação e sucessão. Por fim, este autor concluiu que muito dos problemas sociais eram consequências de um processo de desorganização social, não sendo, portanto, a desorganização individual o padrão.

Na ótica da Escola de Chicago, a desorganização social é entendida como um dos fatores oriundos da rápida urbanização e do aumento da visibilidade das desigualdades sociais, ocasionando o enfraquecimento dos valores coletivos. [...]. Nessa construção teórica, surge o entendimento de que as áreas degradadas são os espaços habitacionais deteriorados, sujeitos à violência e criminalidade, desprovidos, muitas vezes, de saneamento e de outros serviços básicos indispensáveis a um padrão de vida digna. Assim, essas áreas não chegam a ser consideradas nem mesmo como lugares de fato, haja vista que seus integrantes se encontram excluídos das metrópoles, alheios aos recursos e espaços públicos. (CATÃO e PEREIRA, 2015, p. 136-137)

Conforme a **Teoria das Zonas Concêntricas** desenvolvida por Burgess, tem-se a seguinte divisão: **Zona I (Loop)** – Área central da cidade, zona de negócios e intensa atividade comercial, onde predominavam escritórios e comércios; **Zona II (Transição)** – Região mais degradada da cidade, onde as pessoas que ali se encontravam não desejavam permanecer, com predominância de prostíbulos, cortiços e moradias abandonadas e/ou invadidas; **Zona III – Área residencial dos trabalhadores em geral**, aqueles que com a remuneração do seu trabalho, conseguiam um lugar mais decente e confortável para viverem com suas famílias; Zona **IV – Distritos residenciais da classe média alta**; e **Zona V – Áreas fora da cidade**, onde viviam a classe mais afortunada, geralmente em condomínios fechados. (FURQUIM, 2017).

> **Ernest Watson Burgess** (16 de maio de 1886 - 27 de dezembro de 1966) foi um sociólogo urbano canadense-americano nascido em Tilbury, Ontário. Ele foi educado na Kingfisher College, em Oklahoma, e continuou seus estudos de pós--graduação em sociologia na Universidade de Chicago. Em 1916, ele retornou à Universidade de Chicago, como membro do corpo docente. Burgess foi contratado como sociólogo urbano na Universidade de Chicago. Burgess também serviu como o 24º presidente da American Sociological Association (ASA)."
>
> (ERNEST..., 2019, *on-line*, tradução livre).

A Figura 18, a seguir, mostra um desenho representativo das cinco zonas explanadas por Burgess e fotografias comparando o ambiente encontrado na cidade de Chicago nas **Zonas II e V**.

Figura 18 – Teoria das zonas concêntricas

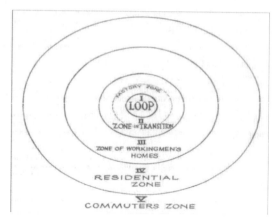

Chicago – Zona II

Chicago – Zona V

Não é difícil concluir que, na **Teoria das Zonas Concêntricas** de Burgess, a **Zona II** – espaço mais degradado e praticamente esquecido pelo Estado – seja justamente a área com maior potencial criminogênico. Nesse sentido, a **Zona II**, normalmente, é marcada por casas em péssimo estado de manutenção, infraestrutura deficiente, pobreza, doenças, alcoolismo, pessoas ociosas, novos imigrantes e baixo controle social. É a "área natural" a ser ocupada pelo recém-chegado à cidade, por ser a mais barata para se viver e se localizar próxima das fábricas, que absorvem esta mão de obra. Ali residem pessoas de classes desfavorecidas e minorias, sendo local propício ao desenvolvimento de cortiços e formação de guetos. Por estas razões, é considerada a área mais indesejada para se morar, o que explica a alta mobilidade residencial que a caracteriza. (FREITAS, 2002, p. 75)

Nesse mesmo diapasão, na **Zona II** de Chicago, os índices de criminalidade são mais altos. Essa zona de trânsito é altamente deteriorada, com péssimas condições de vida e infraestrutura; e é onde residem as classes sociais que mais entram em conflito com a lei. Em 1926, em Chicago, 37% dos crimes praticados por jovens foram cometidos próximos às áreas da **Zona II**.

Crimes

Em um estudo de 1928, ficou evidente que os crimes tinham motivação socioeconômica, pois as péssimas condições de vida levavam à desorganização social, descaracterizando o que poderia ser atribuído ao determinismo biológico da teoria de Lombroso.

(FURQUIM, 2018, p. 29).

A partir da noção de desorganização social e sua influência nos comportamentos criminógenos, conclui-se que não são unicamente as intenções que sujeitam o indivíduo ao crime. O crime e sua recrudescência é um problema complexo que tem origem multifatorial.

Primeiro, o Estado não cumpre seu papel nem quantitativa muito menos qualitativamente em relação aos direitos fundamentais sociais básicos. Isso acaba por ser uma grave e permanente violação aos direitos humanos, responsável pelo chamado "*Estado de Coisas Inconstitucional*", sujeitando-se as camadas menos favorecidas da sociedade a viverem em condições sub-humanas com a negativa ou má prestação de serviços públicos essenciais. Afora isso, tem-se, ainda, a ineficiência dos mecanismos de controle social, sejam eles formais ou informais.

O primeiro, conforme a **Teoria do Controle Social**, criada por Edwin Lemert, é o exercício do poder pelos diversos órgãos públicos que atuam na esfera criminal, como polícias, Ministério Público, Poder Judiciário, administração penitenciária etc. Os indivíduos que não respeitam as regras sociais e cometem infração criminal passam a ser controlados por essas instâncias, mais contundentes e repressoras que as instâncias informais. Já o Controle Social Informal reflete o dia a dia das pessoas dentro de suas famílias, igreja, escola, profissão, opinião pública etc. (FURQUIM, 2018, p. 25).

> **Edwin M. Lemert** (8 de maio de 1912 – 10 de novembro de 1996) foi professor de sociologia na Universidade da Califórnia. Lemert nasceu em Cincinnati, Ohio. Ele adquiriu seu diploma de bacharel em sociologia pela Universidade de Miami (turma de 1934) e seu doutorado pela Ohio State University (turma de 1939). Ele se especializou em sociologia e antropologia. Por um curto período de tempo, tornou-se professor no Kent State e na Western Michigan Universities."
>
> (EDWIN..., 2018, *on-line*, tradução livre).

Com efeito, a aplicabilidade do controle social formal, por si só, nessas áreas degradadas da cidade não possui sustentabilidade se não for acompanhada de investimentos sociais, econômicos e culturais. Vindo a calhar com esse entendimento é interessante destacar a conclusão a que chegaram Clifford Shaw e Henry McKay ao analisarem os pormenores da ecologia criminal procurando entender a delinquência juvenil nas grandes cidades. Conforme esses estudiosos, nenhuma redução contra a criminalidade é possível se não houver mudanças significativas nas condições sociais e econômicas das crianças e dos adolescentes (SHECAIRA, 2013).

> **Clifford R. Shaw** (1895-1975) foi um sociólogo americano, professor da Universidade de Chicago. Destacou-se no estudo criminológico da delinquência juvenil e sua distribuição no espaço urbano."
>
> (CLIFFORD..., 2017, *on-line*).

> **Henry Donald McKay** (nascido em 1899 em Orient, Dakota do Sul, † 1980) foi um sociólogo e criminologista americano. Ele é membro da Escola de Sociologia de Chicago e foi um dos pioneiros da sociologia do crime. Juntamente com Clifford R. Shaw, ele desenvolveu a teoria da desorganização social..."
>
> (HENRY..., 2017, tradução livre).

Especialmente no que se refere ao controle social informal, a Escola de Chicago crê na capacidade da própria comunidade se auto-organizar, prevenindo e resolvendo seus problemas de modo endógeno e de maneira mais eficiente e sustentável que os próprios mecanismos de controle social formais.

Ocorre que, geralmente, se visualiza, nessas comunidades, ambientes inóspitos e degradados somados ainda à grande mobilidade e diversidade de pessoas que ali residem, sem, muitas vezes, nutrir o sentimento de pertencimento pelo espaço em que residem. Observa-se, nesses locais, concomitantemente a isso, o enfraquecimento das instituições básicas da sociedade, como família, escola, igreja etc. Uma vez fragilizados esses laços, tem-se automaticamente o enfraquecimento do controle social informal, resultando em terreno propício ao avanço da criminalidade, notadamente juvenil.

De fato, na medida em que as relações são cada vez mais transitórias e superficiais, como também o controle social informal menos presente, os valores comunitários aos poucos também vão ficando mais frágeis, auxiliando no processo de surgimento de agrupamentos considerados desviantes. Em outros termos, o que acontece é uma substituição de valores e a consequente configuração de uma nova ética dentro daquela realidade; ou seja, enquanto esses grupos ocupam espaços por intermédio de um determinado poder exercido naquela comunidade, estimulam igualmente a formação de novos grupos desviantes. Assim, muitos irão, de fato, constituir família, conseguir uma moradia, arrumar um emprego – ainda que em condições miseráveis – mas já outros não terão outra alternativa e ingressarão ou permanecerão na criminalidade. (CATÃO e PEREIRA, 2015, p. 140)

Para a Ecologia Humana, o fator pobreza é um elemento considerável, uma vez que os integrantes desta classe são levados a habitar as regiões mais degradadas, onde, na maioria dos casos, moram também os autores de infrações criminais, como ressalta Tangerino (2002). Dessa maneira, observa-se que os novos moradores nem sempre seguirão o caminho dos que ali já estavam; contudo, a experiência nos mostra que a parcela jovem, principalmente os filhos de pessoas pobres, influenciados por esses ambientes, estarão sujeitos à interação com uma gama de condutas, abrangendo, infelizmente, a criminal.

Dessa maneira, defende-se que é indiscutível que os elementos pobreza, exclusão e desigualdade social, relacionados a ambientes degradados promovem maior propensão ao crime – pelo menos no tocante à criminalidade violenta –, mormente aos mais jovens que, em situação de extrema vulnerabilidade, passam a interagir com o ambiente e com as pessoas que ali estão, reproduzindo comportamentos, inclusive, criminosos.

Na sociologia, o interacionismo é uma perspectiva teórica que deriva processos sociais (como conflito, cooperação, formação de identidade) da interação humana. É o estudo de como os indivíduos moldam a sociedade e são moldados pela sociedade através do significado que surge nas interações. A teoria interacionista cresceu na segunda metade do século XX e tornou-se uma das perspectivas sociológicas dominantes no mundo de hoje. George Herbert Mead, como defensor do pragmatismo e da subjetividade da realidade social, é considerado um líder no desenvolvimento do interacionismo. Herbert Blumer expandiu o trabalho de Mead e cunhou o termo "interacionismo simbólico".

(INTERACIONISMO..., 2019, *on-line*).

Isso é ainda mais acentuado quando se considera outro elemento que vem afetar, também de modo substancial, a população menos favorecida das grandes cidades, residentes nos chamados "aglomerados subnormais", que é o estigma. Sobre isso, o grau em que um ato será tratado como desviante depende também de quem o comete e de quem se sente prejudicado por ele. Regras tendem a ser aplicadas mais a algumas pessoas que a outras. Estudos da delinquência juvenil deixam isso muito claro. Meninos de áreas de classe média, quando detidos, não chegam tão longe no processo legal como os meninos de bairros miseráveis. (BECHER, 2008, p. 25)

Assim, tem-se os jovens residentes em áreas periféricas sendo duplamente penalizados: primeiro, por lhe sonegarem direitos fundamentais essenciais, e, segundo, por justamente estarem incluídos nessas circunstâncias de privação de direitos, serem vistos como um estorvo ao bom funcionamento da máquina social (estigma). São indivíduos considerados, pela parcela "normal" da sociedade, como incômodos ou mesmo "não pessoas", já excluídos automaticamente pelas circunstâncias sociais que vivem. De fato, são vítimas e eventualmente autores, sobretudo, da violência urbana, sendo que não deveríamos desconhecer tal invisibilidade, tendo em vista que também participamos desse processo. Enfim, somos responsáveis, em maior ou menor escala, pelo sistema social no qual estamos submetidos, em que inúmeras pessoas, pouco a pouco, perdem até mesmo a própria noção de humanidade. (CATÃO e PEREIRA, 2015, p. 144)

Interessante ainda observar que dentro desses ambientes degradados, esquecidos pelas políticas públicas estatais, costuma-se afirmar que os jovens são os mais vulneráveis, protagonizando facilmente o papel de autores de crimes e, no momento imediatamente seguinte, também o de vítimas dos crimes de igual natureza. Essa realidade foi a que constatamos através dos números apresentados em capítulo pretérito em relação à criminalidade violenta na cidade de Fortaleza/Ce no ano de 2018. Como visto, os perfis dos agressores e vítimas de **crimes violentos letais intencionais** são, de fato, coincidentes.

Os fatores e teorias desenvolvidas pelos estudiosos da Escola de Chicago, claramente observados em regiões periféricas das grandes cidades brasileiras nos dias atuais, foram colocados à prova também na própria cidade de Chicago. Em 1930, os sociólogos daquela Escola, liderados por Shaw, decidiram criar a "*Chicago*

Area Project". O escopo maior dessa iniciativa seria comprovar empiricamente os estudos científicos até então produzidos no sentido de que constituiriam elementos fundamentais para a comunidade, com efeitos positivos diretos sobre a questão da criminalidade, o reatamento dos laços sociais comunitários e uma maior concretude dos instrumentos de controle social informal.

Com tais propósitos, o *"Chicago Area Project"* foi então implantado na Russel Square Park, uma região ao sul de Chicago extremamente degradada, próxima a um parque industrial, habitada em sua grande maioria por trabalhadores que dedicavam boa parte do seu pouco tempo de lazer ao consumo de bebidas alcoólicas nas tavernas da região. Ou seja, tinham pouco ou nenhum tempo livre de qualidade que contribuísse para o desejado fortalecimento dos vínculos comunitários e sedimentação de bons valores individuais e/ou coletivos.

Observa-se, comumente, em regiões como essas, desestruturadas socialmente, um círculo vicioso que indiscutivelmente merece ser quebrado para surtir efeitos positivos em relação à criminalidade: a comunidade não interage entre si com qualidade nem se dedica a atividades socialmente inclusivas, porque o Estado não oferece suporte para tanto, nem por meio de políticas (trabalho de assistência social efetiva, conselho tutelar eficiente, valorização da saúde preventiva, do esporte, cultura e lazer) voltadas para esse fim, nem muito menos disponibilização de equipamentos públicos (praças, teatros, quadras de esportes, iluminação pública etc.) facilitadores do alcance desse objetivo.

O Estado, por sua vez, não ampara socialmente aquela região com políticas públicas inclusivas nem equipamentos públicos de qualidade, pois, a estigmatiza e, a partir justamente desse estigma, tenta justificar a canalização tão somente dos mecanismos de controles sociais formais, sobretudo a polícia, para responder aos desajustes sociais ali ocorridos de modo mais frequente e que desemborcam, invariavelmente, em crimes.

Não é preciso um esforço hercúleo para concluir que, acaso não estancado esse círculo vicioso, os resultados imediatos eventualmente alcançados com o emprego massivo da polícia (em regra, a Polícia Militar, ostensiva) em tais regiões, a médio e longo prazo se revelarão estéreis, ineficientes e insubsistentes, além, é claro, de extremamente dispendiosos. Nesse último aspecto, fala-se tanto dos custos econômicos diretos exigidos para o combate à criminalidade (efetivo policial, viaturas, armamentos etc.) quanto dos custos indiretos, imateriais e incomensuráveis que o crime representa à sociedade com milhares de vidas humanas sendo todos os dias brutalmente aniquiladas.

Assim, justamente para quebrar esse círculo vicioso, Clifford Shaw via o esporte como meio eficaz, notadamente ao público juvenil, justamente para fortalecer a ideia de união, de time, pertencimento e também o enraizamento de bons valores, disciplina e respeito ao próximo. O envolvimento familiar no processo educacional também era visto como essencial ao sucesso do programa na medida em que "[...] a delinquência juvenil como fenômeno social continha em si um elemento de ausência de supervisão paterna [...]. O processo educativo é uma das formas essenciais de exercício do controle social informal" (TANGERINO, 2007, p. 101).

A escola, por sua vez, deveria desenvolver seu mister se integrando cada vez mais com a comunidade e não funcionando como um organismo autônomo.

O *"Chicago Area Project"* contava ainda com o auxílio de instrutores pinçados da própria comunidade (autoajuda cooperativa) – líderes natos – com domínio da linguagem, estilo de vida e conhecimento das peculiaridades dos moradores da região, o que funcionava como elemento estimulador da adesão de mais pessoas às atividades ofertadas com o interesse de fortalecer vínculos e disseminar bons valores criando um círculo virtuoso de convivência social e arrefecendo a criminalidade.

Com efeito, conforme a Escola de Chicago, a prevenção da criminalidade deveria se dar, essencialmente, por meio de Intervenção social do Estado – construção de escolas, creches, hospitais, parques, áreas de lazer etc. – nas comunidades degradadas; Incentivo a maior influência das instituições locais como igreja, escola, associações de bairro, grupos de jovens, com o objetivo de reconstruir a solidariedade social, aproximar as pessoas umas das outras e funcionar como freio às ações criminosas em tais ambientes; Criação de comitês e entidades de bairro: para envolver desempregados nas atividades comunitárias e promover a redução do desemprego; Criação de atividades comunitárias para os jovens: efetivação de grupos de escoteiros (para os jovens que migraram do campo para a cidade, como forma de resgatar as atividades do campo e os valores da natureza); fóruns artesanais, viagens culturais e excursões (para os jovens de classe baixa adquirirem conhecimento e cultura por meio das viagens e do lazer). A ideia era ocupar os mais jovens com lazer, esporte, cultura, conhecimento e educação, dando a eles oportunidades de emancipação; Melhoria das moradias e da infraestrutura: com melhores moradias, a qualidade de vida do bairro também refletiria na organização social da comunidade, tornando uma comunidade mais digna para se viver (FURQUIM, 2018, p. 30).

Por fim, o *"Chicago Area Project"* se mostrou uma boa plataforma de estudos sociológicos e ainda conseguiu alcançar os resultados desejados pelos seus idealizadores. De fato, após a aplicação dos princípios e ações acima explicitadas, os índices de delinquência entre os jovens decaíram consideravelmente, comprovando-se a validade e consistência das hipóteses cientificamente levantadas, aliando-se, ao fortalecimento dos mecanismos de controle social formal, notadamente os órgãos policiais, a preponderância da atuação materialmente eficiente dos controles sociais informais com o robustecimento sobretudo do estado social. (FURQUIM, 2018).

Por outro lado, passados quase 100 anos, aqui no Brasil ainda se insiste em seguir na contramão de teorias já comprovadas, como a da ecologia social e suas ramificações propostas pela Escola de Chicago, apostando, em regra, todas as fichas – unicamente – na repressão policial (aos moldes da política da tolerância zero) como meio de frear a criminalidade. Um apelo raso ao populismo penal que, na prática, mostra-se, como vimos, científica e empiricamente simbólico e inefetivo.

Na maioria dos estados brasileiros, assiste-se mais do mesmo e, o que é pior, espera-se (ou apenas o Estado nutre falsas esperanças nesse sentido) colher resultados diferentes que, sabe-se, nunca virão. Em grande parte dos casos, é inegável a necessidade de mudar o azimute das políticas públicas de segurança, se é que a intenção é, de fato, tentar resolver ou, no mínimo, suavizar o problema da criminalidade no País (Figura 2).

Figura 19 – Mapa ilustrativo do problema da criminalidade no Brasil

Fonte: (FURQUIM, 2017).

De toda sorte, a despeito dos mais variados fatores que podem influenciar para o arrefecimento da criminalidade, a nós parece ser clarividente o papel central da educação como a melhor política de prevenção criminal.

Por fim, acerca disso, de forma magistral, Beccaria, assevera: "o mais seguro, mas mais difícil meio de prevenir os delitos é aperfeiçoar a educação, assunto demasiado vasto que ultrapassa os limites que me impus, assunto, ouso mesmo dizê-lo, que tem demasiado a ver com a natureza intrínseca do governo para que não seja sempre, até aos mais remotos séculos da felicidade pública, um campo estéril e só cultivado aqui e além por alguns sábios". (BECCARIA, 1998, p. 160-161)

A VIRADA DO JOGO NA SEGURANÇA PÚBLICA DO CEARÁ

Após ultrapassar um cenário envolto a chacinas e números exorbitantes e crescentes de mortes violentas, equiparado ao de regiões em guerra, o estado do Ceará alcança um ponto de inflexão nessa temática e passa a reduzir significativamente suas principais taxas de criminalidade de maneira constante.

Nesse sentido, o Ceará foi o estado que mais reduziu, em nível nacional, o número de **CVLIs** no primeiro bimestre de 2019.

> [...] em janeiro e fevereiro deste ano, o estado apresentou queda de 57,9% no índice de mortes violentas. Nos dois primeiros meses de 2018, foram assassinadas 844 pessoas, enquanto no mesmo período de 2019 foram 355 mortes.
>
> A diminuição entre janeiro do ano passado e janeiro deste ano foi de 60,2%, enquanto na comparação entre os meses de fevereiro a queda é de 55%.
>
> (G1 CE, 2019, *on-line*).

Nessa toada, o estado do Ceará e a cidade de Fortaleza experimentaram, respectivamente, seu décimo quinto e décimo sexto mês de quedas constantes no que concerne ao número de **CVLIs**. A redução desses crimes no primeiro semestre de 2019 é da ordem de 53% no estado (caindo de 2.380 em 2018 para 1.105 casos em 2019, representando 1.275 vidas salvas no período) e 57% na capital (decrescendo de 780 casos, em 2018, para 330, nesse ano).

Dados divulgados pelo monitor da violência colocam o Ceará em posição de destaque nacional. Enquanto o Brasil teve queda de 22% no número de mortes violentas, o Ceará reduziu mais que o dobro, experimentando uma diminuição de mais de 53%. No período, foi o estado que mais reduziu no país os números relacionados à criminalidade violenta.

> No mês de junho, todas as regiões do Ceará também reduziram no balanço dos **CVLIs**. A maior queda aconteceu no Interior Sul do Estado, com -59%, indo de 83 casos para 34. Em seguida veio Fortaleza, com 56% de redução, caindo de 121 crimes para 53. Os trabalhos das forças de segurança também impactaram em um balanço positivo na Região Metropolitana, que reduziu em -55% seus **CVLIs**, indo de 100 para 45. Já o Interior Norte, foi de 80 mortes, no ano passado, para 36, em junho deste ano; correspondendo a redução de -55%. Com 216 vidas salvas, o Ceará registrou uma queda percentual de -56%, passando de 384 crimes para 168, no sexto mês do ano.
>
> (CEARÁ, 2019a, *on-line*).

Outro aspecto que merece especial destaque se refere especificamente em relação aos **CVLIs** tendo como vítimas adolescentes, considerando-se estes na faixa etária de 12 a 17 anos. Conforme dados da **SSPDS/CE**, em Fortaleza/CE, a diminuição foi de 75,5% nos sete primeiros meses, caindo de 102 registros, em 2018, para 25, em 2019.

A redução relacionada a esse perfil de vítima, especificamente, ganha especial importância na medida em que verificamos que os jovens e adolescentes têm, por diversos fatores, maior grau de vulnerabilidade quando tratamos de mortes violentas. Assim, experimentar uma considerável redução em relação a esse nicho demonstra importante sensibilidade, foco, cientificismo e acerto das políticas públicas de combate à criminalidade implementadas no Ceará.

De fato, é inegável que os números alcançados pelo estado do Ceará são animadores e explana-se os principais fatores que se reputam como os maiores responsáveis para o alcance e, sobretudo, manutenção desses índices de criminalidade em constantes quedas. Com efeito, o tripé já mencionado anteriormente do aumento do efetivo, gestão e uso da tecnologia com inteligência policial parece ser o grande protagonista dessa virada do jogo na segurança pública do estado.

A ordem dos fatores não é à toa. Efetivo remete a pessoas e essas estão e sempre deverão estar no topo da pirâmide por ser o elemento mais importante e imprescindível na receita de qualquer política pública. Ademais, o elemento humano é, e sempre será, o maior e mais importante ativo de qualquer organização que se pretenda alcançar sucesso. Desta feita, a valorização do homem policial realizada pelo gestor maior da pasta da Segurança Pública no Ceará, Delegado Federal Dr. André Santos Costa, tem sido um ponto alto a se destacar.

Em relação a esse aspecto, apenas para citar alguns exemplos, houve a criação, no âmbito da **SSPDS/CE**, do Conselho de Defesa do Policial no Exercício da Função – **CDPEF** (Portaria nº. 865/2017), capitaneado pelo seu Presidente, o advogado Ricardo Valente Filho, com o escopo notadamente de proporcionar maior amparo jurídico, seja em procedimentos disciplinares ou judiciais, aos agentes de segurança pública atuantes na defesa da sociedade.

De igual modo, a assistência biopsicossocial da **SSPDS/CE**, setor atualmente chefiado pela psicóloga Rebeca Rangel, foi fortalecido e vem realizando importantes projetos voltados, por exemplo, à prevenção ao uso de drogas e ao suicídio, assim como à melhoria da saúde e qualidade de vida em geral dos agentes de segurança pública. Um olhar especial e diferenciado imprescindível àqueles que dedicam suas vidas diuturnamente a combater o crime, lidando não raras vezes com a faceta mais obscura dos seres humanos.

Além disso, o quantitativo de profissionais, tanto para o policiamento ostensivo (Polícia Militar) quanto para a Polícia Investigativa, de inteligência (Polícia Civil) é fator igualmente relevante. Não se pode olvidar que os demais órgãos que compõem a pasta da Segurança Pública como Bombeiro Militar, Perícia Forense e Academia Estadual de Segurança Pública (**AESP**) também receberam, nos últimos anos, implemento nos seus efetivos.

Ainda dentro da estrutura da **SSPDS/CE**, temos também a recente criação (Lei nº 16.562/18) da Superintendência de Pesquisa e Estratégia de Segurança Pública do Estado do Ceará (**SUPESP**) com a primordial função de realizar pesquisas, estudos, projetos estratégicos e análise criminal para o fortalecimento da formulação de políticas de segurança pública no Ceará. Tendo como atual Superintendente o Policial Rodoviário Federal Aloisio Vieira Lira Neto e Diretor de Estratégia para coordenação de projetos o também Policial Rodoviário Federal Alisson Francelino Primo, a **SUPESP** representa mais uma importante inovação do sistema de segurança pública do Ceará, com reflexos positivos no contexto da segurança pública local e nacional. Aprimora-se o cientificismo e definitivamente se trata da segurança pública como política de Estado.

Medida também que acabou por refletir, ainda que indiretamente, na temática da ampliação do efetivo das tropas de segurança pública foi a lei que ampliou o limite de pagamento de horas extras aos policiais. Trata-se da Lei Estadual n. 16.824/19 (CEARÁ, 2019b), sancionada pelo Governador Camilo Santana em 13/01/2019 e que trouxe um pacote de medidas contra o crime organizado, incluindo o citado aumento na quantidade de horas extras (de 48h para 84h mensais) a serem pagas pelo Estado, em caso de necessidade, a todos os policiais, civis e militares, além dos bombeiros e agentes penitenciários, repercutindo diretamente no aumento da força de trabalho desses profissionais no combate às questões relacionadas à segurança pública.

Outrossim, o uso da ciência e tecnologia aliadas à inteligência policial, através de parcerias, dentre elas com a Universidade Federal do Ceará e o próprio Ministério da Justiça e Segurança Pública, vem colocando a Segurança Pública do Estado do Ceará na vanguarda e como referência para todo o País. Nesse sentido, investimentos em pesquisas e no desenvolvimento de modernas ferramentas em prol da maior eficiência na atividade de policiamento tanto ostensivo (preventivo) quanto investigativo (punitivo) vêm surtindo efeitos positivos nunca antes experimentados em nível de Brasil.

Um rico exemplo é o **SPIA (Sistema Policial Indicativo de Abordagem)** desenvolvido pela Polícia Rodoviária Federal e que, em parceria com a **SSPDS/CE**, tem otimizado significativamente o trabalho da Polícia Militar e Civil. Trata-se de uma ferramenta que monitora e rastreia o tráfego de veículos pelas vias públicas das cidades, permitindo ao agente de segurança pública construir, por exemplo, padrões de deslocamento de um determinado automóvel, detectar placas clonadas, identificar "comboios" de veículos suspeitos de terem sido utilizados para cometimento de delitos, encontrar automóveis furtados/roubados, assim como desconstruir falsos álibis, dentre outras funcionalidades.

A ferramenta, como destacado, tem se revelado extremamente útil tanto ao policiamento ostensivo quanto às investigações procedidas pela Polícia Civil. No tocante às investigações criminais, é fato que inúmeros inquéritos policiais nos quais se procedeu à investigação de homicídios, por exemplo, o **SPIA** apresentou significativos resultados que auxiliaram no desvendamento da autoria e efetiva prisão dos infratores. Aliás, a própria investigação em torno da "Chacina das Cajazeiras" é um exemplo de sucesso em que a ferramenta foi utilizada, mostrando-se eficiente ao descobrimento da verdade e responsabilização criminal dos infratores.

O diferencial do uso do **SPIA** no estado do Ceará tem sido o grande poder de mobilização das forças policiais para, imediatamente, com base nas informações colhidas com o auxílio da ferramenta, atuar diretamente nas ruas concretamente, por exemplo, localizando e abordando inteligentemente o veículo que foi tomado de assalto ou ainda empreender diligências investigativas complementares no curso das investigações policiais para também, com base nas informações obtidas nas pesquisas realizadas no **SPIA**, representar por prisões ou buscas e apreensões de modo cada vez mais minucioso, célere e eficiente.

O **SPIA** foi desenvolvido visando notadamente atacar o que se denominou de **Teoria da Mobilidade do Crime**. Esta, nas palavras de Aloisio Lira, citado no artigo "Tecnologia e Segurança Pública: O modelo do Ceará", de autoria do Secretário da Segurança Pública do Ceará, André Santos Costa, consiste na mudança de *modus operandi* da criminalidade em razão da popularização do veículo automotor e do crescimento acelerado e desordenado das grandes cidades. Assim, tem-se o uso da tecnologia e inteligência policial com efeitos concretos positivos em favor da justiça criminal e efetiva paz social.

Outro exemplo que pode ser citado nessa mesma linha de raciocínio, é a ferramenta "*Crime Watcher*". Trata-se de um observador criminal que permite aos policiais visualizarem as manchas criminais dentro de uma área determinada, acompanharem tendências de queda ou recrudescimento da violência, assim como medirem os efeitos de determinada política de segurança eventualmente aplicada em uma região específica. Mais uma vez, tem-se a tecnologia a auxiliar na tomada de decisões para ações policiais de força e inteligência com o máximo de efetividade.

Tem-se, ainda, dentre outros exemplos, o sistema de reconhecimento biométrico e facial assim como a ferramenta denominada "*Big Data*". Esta última sendo um sistema que reúne informações de diversos bancos de dados e permite uma consulta e análise conglobante em relação a informações sensíveis aos trabalhos dos agentes de segurança pública, possibilitando uma atuação cada vez mais célere e eficiente da polícia com enormes ganhos à sociedade.

É necessário dizer ainda que os resultados positivos alcançados na segurança pública do Ceará foram possíveis também muito em razão da implantação de uma nova sistemática de trabalho empregada no Sistema Penitenciário do Estado a partir do início de 2019.

A metodologia de trabalho do Secretário de Administração Penitenciária do Estado do Ceará, Luis Mauro Albuquerque, representou, em suma, a retomada do controle dos presídios, havendo, dentre outras medidas, o isolamento ou transferência dos principais chefes de organizações criminosas atuantes no estado. Cortou-se a comunicação destes com o mundo exterior – o que antes era comum ser feito de modo deliberado e até sarcástico, publicamente, através de aparelhos de telefonia móvel –, dificultando, assim, a estruturação e o gerenciamento das atividades criminosas extramuros dos presídios.

Cabe destacar como ponto alto que contribui com a redução das taxas de criminalidade no Ceará a integração e o relacionamento fluido entre os órgãos que compõem a pasta da segurança pública e, além disso, também entre os demais órgãos integrantes do sistema de justiça como um todo.

Um exemplo de sucesso, também pioneiro no país e que ilustra muito bem esse aspecto é o **Programa Tempo de Justiça**. Oriundo das ações do "Pacto por um Ceará Pacífico", trata-se de uma parceria entre Poder Judiciário, Ministério Público, Defensoria Pública e Secretaria da Segurança Pública e Defesa Social, com apoio técnico da Vice-Governadoria do Estado do Ceará que visa, essencialmente, através de um esforço interagência, monitorar a persecução penal nos casos de homicídios dolosos, desde a fase do inquérito policial até julgamento, possibilitando que este ocorra de forma rápida e justa em até, no máximo, 399 dias.

Com efeito, ataca-se a impunidade e, ao mesmo tempo, cumpre-se fielmente a Constituição Federal, notadamente no que diz respeito ao princípio da razoável duração do processo (CF/88, **Art. 5º**, LXXVIII). O programa, implementado inicialmente em Fortaleza/Ce, expandiu-se para a cidade de Sobral/Ce, interior norte, e, atualmente, se encontra em processo de implantação também na região do Cariri, interior sul do estado.

Afora as ações diretamente relacionadas à segurança pública ao sistema penitenciário e à justiça, por óbvio que as reduções das taxas de criminalidade no Ceará não seriam constantes e, logo, inevitavelmente tenderiam a reascender não fosse também importantes investimentos, nos moldes como visto na cidade de Chicago, no campo econômico e notadamente social.

Assim, não sendo objetivo dessecar esse aspecto, mas apenas não o olvidar, até mesmo pela sua comprovada importância, foram também estabelecidas parcerias entre a **SSPDS/CE** e as municipalidades, objetivando concentrar esforços notadamente nas áreas de infraestrutura, educação, renda e densidade populacional. Através do intercâmbio de informações locais e a somatória de esforços, sobretudo nesses setores, temos mais um importante contributo para o alcance de resultados positivos no combate à criminalidade no estado do Ceará.

Por fim, a virada do jogo na segurança pública do estado do Ceará, como visto, foi reflexo das mudanças de paradigmas em diversos campos de atuação estatal. A multifatoriedade do problema exigiu, igualmente, a mesma capacidade de intervenção do Estado para debelá-lo. A fórmula vem dando certo. A segurança pública no estado do Ceará passou a ser não mais reativa, mas sim proativa, tecnológica, científica e cada vez mais eficiente. A reinvenção, a partir das novas formas de atuação dos órgãos de segurança pública, passou a ser tarefa dos criminosos, que, agindo tão somente na reação e, portanto, com "Delay" ao seu desfavor, tendem a se fragilizar cada vez mais. Essa é a ideia, esse é o objetivo, não medir esforços para criar um cenário favorável à cidadania, ao pleno exercício dos direitos e garantias fundamentais, brindando o interesse público com a paz social.

CONSIDERAÇÕES FINAIS

Ante o exposto, observou-se que a criminalidade violenta no Brasil atingiu, nos últimos anos, níveis estratosféricos. Nesse contexto, é notória a extrema vulnerabilidade dos adolescentes e jovens, a merecer imediatas intervenções (não simbólicas, mas sim materialmente eficientes) do Estado para estancar essa sangria. Percebeu-se, também, que o crime afeta, de maneira desigual, os integrantes da teia social e as regiões das cidades, conforme a renda, escolaridade e níveis de desestruturação familiar e social.

Outro ponto interessante que merece destaque é o fato do perfil predominante das vítimas e infratores relacionados aos **CVLIs** ser coincidente, qual seja: jovem, baixa renda e escolaridade, além de residentes nos denominados eufemisticamente de "aglomerados subnormais", as conhecidas popularmente como periferias ou favelas.

Outrossim, constatou-se que as políticas públicas, em sua grande maioria, meramente simbólicas, são geradoras do chamado *"Estado de Coisas Inconstitucional"*, um verdadeiro ataque covarde à dignidade da pessoa humana, protagonizado pelo próprio Estado, responsável pela degradação física, social e emocional de uma parcela da população que responde a esse estímulo, muitas vezes, por meio da violência.

Acompanhou-se, ainda, dentro desse contexto, a importância do trabalho da Polícia Judiciária na repressão ao crime, notadamente às organizações criminosas. Em se tratando especificamente de **CVLIs**, observou-se o papel fundamental exercido pelo **DHPP/CE** da **Polícia Civil do Ceará** no combate especializado à criminalidade violenta, inclusive em relação especificamente à "Chacina das Cajazeiras", cuja eficiência dos trabalhos policiais restou inconteste.

Foram avaliados, de maneira otimista, os novos rumos que a Segurança Pública tem traçado, mormente no estado do Ceará. Tem-se experimentado, mês a mês, sucessivas quedas nas taxas de criminalidade violenta, que se reputam serem reflexos essencialmente do tripé efetivo, gestão e uso da tecnologia com inteligência policial, colocando este estado na vanguarda do combate ao crime, em nível de Brasil.

Considerou-se essencial a todo e qualquer estado, o fortalecimento massivo das suas forças policiais, dotando-as de prerrogativas institucionais necessárias ao eficiente desenvolvimento do seu mister frente ao crime, salários atrativos, equipamentos de ponta e Gestão Pública por resultados, afinal, o Estado não se sustenta sem a polícia. Em face da complexidade do problema e multifatoriedade de suas causas, exige-se, também, que o Estado social se faça presente, concomitantemente dentro desse contexto, inclusive como o maior protagonista (não o inverso), implementando políticas públicas materialmente eficientes. A finalidade maior disso é soerguer o tecido social de modo uniforme por meio da entrega a todos, sem distinção de qualquer natureza, dos direitos fundamentais brilhantemente anunciados constitucionalmente.

Neste, não se furtou à responsabilidade e, ao mesmo tempo, à oportunidade de responder ao questionamento acerca de qual seria, dentro desse novelo intrincado que é a problemática da criminalidade, a Política Pública mais eficiente para a prevenção dos delitos. Em relação a isso, filiamo-nos ao pensamento de Beccaria no sentido de que a educação parece ser o mais seguro e eficaz meio de prevenção criminal, mola propulsora, inclusive, da realização dessa obra.

AGRADECIMENTOS

A Deus, pelo dom da vida e por crer que nada é por acaso, inclusive a oportunidade de desenvolver esta obra com a intenção de contribuir, de alguma maneira, para a transformação positiva da vida daqueles que mais necessitam. A Ele toda honra e toda glória.

À Isabella Barreto, minha menina, fonte das minhas mais gostosas alegrias, manifestação do mais puro amor e razão maior de todos os meus esforços de buscar ser a cada dia um pai e uma pessoa melhor.

À Giselle Santos, mulher incrível que a vida me presenteou como esposa, em reconhecimento a todo incentivo, fortaleza e amor dispensados à minha pessoa.

À Ilza Regina e Leonildo Barreto, amados pais, pelos imprescindíveis ensinamentos de vida sempre pautados na educação, respeito às pessoas, valorização da família e retidão de caráter que deixaram marcas positivas indeléveis em minha formação.

À Leandro Barreto, querido irmão que nutro especial admiração e carinho, em gratidão pela amizade e apoio na realização dessa obra e por toda a vida.

À Guiomar D'Almeida Couto, Leomar Barreto e Zenilda Costa (*in memorian*), avós que guardo em lugar cativo no coração pelos bons e inesquecíveis momentos que me proporcionaram viver em suas companhias.

A todos(as) os(as) amigos(as) que acompanharam a evolução dessa obra e contribuíram, direta ou indiretamente, para sua concretização.

BIBLIOGRAFIA

AGUIAR, Rui; HOLANDA, Thiago de. **Trajetórias interrompidas**: homicídios na adolescência em Fortaleza e em seis municípios do Ceará. Organização do Instituto OCA. Brasília: UNICEF, 2017. Disponível em: <http://cadavidaimporta.com.br/wp-content/uploads/2018/03/trajetorias-interrompidas-junho-2017.pdf>. Acesso em: 24 jun. 2019.

ALBUQUERQUE, Márcio Vitor. Após chacina, OAB estuda entrar com pedido de intervenção federal no Estado. [Entrevista cedida à] Redação do jornal O Povo. **O Povo**, Fortaleza, 27 jan. 2018. Disponível em: <https://www.opovo.com.br/noticias/fortaleza/2018/01/apos-chacina-oab-estuda-entrar--com-pedido-de-intervencao-federal-no-e.html>. Acesso em: 22 jun. 2019.

AMBOS, Kai. Domínio do fato pelo domínio da vontade em virtude de aparatos organizados de poder. **Revista Brasileira de Ciências Criminais**, São Paulo, v. 10, n. 37, p. 43-72, jan./mar. 2002.

ANDRADE, Fábio Coutinho de. "Broken windows theory" ou teoria das janelas quebradas. **Revista Jus Navigandi**, Teresina, ano 16, n. 2811, 13 mar. 2011. Disponível em: <https://jus.com.br/artigos/18690>. Acesso em: 24 jun. 2019.

ANISTIA INTERNACIONAL. Quem somos. **Anistia Internacional**, [s. l.], 23 ago. 2014. Disponível em: https://anistia.org.br/conheca-a-anistia/quem-somos/. Acesso em: 22 jun. 2019.

ARAÚJO, Ediane Aquino. O juiz e a sociedade: a nova ideologia constitucional da magistratura. **Conteúdo Jurídico**, Brasília, v.26, n.6, p.33-38, maio 2015. Disponível em: <http://conteudojuridico.com.br/consulta/Artigos/44309/o-juiz-e-a-sociedade-a-nova-ideologia-constitucional-da-magistratura>. Acesso em: 15 abr. 2019.

BARBOSA, Lucas. Com estatuto e arrecadação mensal, maior facção do Ceará desafia controle do Estado. **Tribuna do Ceará**, Fortaleza, 11 set. 2017. Disponível em: <https://tribunadoceara.uol.com.br/noticias/segurancapublica/com-estatuto-e-arrecadacao-mensal-maior-faccao-do-ceara-desafia-controle-do-estado/>. Acesso em: 22 jun. 2019.

BARREIRA, César. GDE é facção criminosa nova, atrai adolescentes e tem 'crueldade como marca', diz sociólogo. Entrevista cedida à Juliana Diógenes. **O Estado de S.Paulo**, São Paulo, 27 jan. 2018. Disponível em: <https://brasil.estadao.com.br/noticias/geral,GDE-e-faccao-criminosa-nova-atrai-adolescentes-e-tem-crueldade-como-marca-diz-sociologo,70002168237>. Acesso em: 22 jun. 2019.

BECCARIA, Cesare. **Dos delitos e das penas**. Tradução de José de Faria Costa. Lisboa: Fundação Calouste Gulbenkian, 1998.

BECKER, Howard S. **Outsiders**: estudos de sociologia do desvio. Tradução de Maria Luiza X. de A. Borges. Rio de Janeiro: Zahar, 2008.

BITTENCOURT, Cezar Roberto. **Tratado de direito penal**: parte geral. 10. ed. São Paulo: Saraiva, 2006.

BORGES, Messias. Chacina levou os principais líderes da GDE à prisão. **Diário do Nordeste**, Fortaleza, 26 jan. 2019. Disponível em: >https://diariodonordeste.verdesmares.com.br/editorias/seguranca/chacina-levou-os-principais-lideres-da-GDE-a-prisao-1.2054916>. Acesso em: 15 abr. 2019.

BRASIL. Decreto-lei n° 2.848, de 7 de dezembro de 1940. Código Penal. **Diário Oficial [da] República Federativa do Brasil**, Rio de Janeiro, DF, 31 dez. 1940. Disponível em: <http://www.planalto.gov.br/ccivil_03/decreto-lei/del2848 compilado.htm>. Acesso em: 15 abr. 2019.

_____. Lei n° 2.889, de 1° de outubro de 1956. Define e pune o crime de genocídio. **Diário Oficial [da] República Federativa do Brasil**, Rio de Janeiro, DF, 2 out. 1956, seção 1, p.18673,. Disponível em: <http://www.planalto.gov.br/ccivil_03/leis/L2889.htm>. Acesso em: 15 abr. 2019.

_____. Lei n° 12.850, de 2 de agosto de 2013. Define organização criminosa e dispõe sobre a investigação criminal, os meios de obtenção da prova, infrações penais correlatas e o procedimento criminal; altera o Decreto-Lei n° 2.848, de 7 de dezembro de 1940 (Código Penal); revoga a Lei n° 9.034, de 3 de maio de 1995; e dá outras providências. **Diário Oficial da União [da] República Federativa do Brasil**, Brasília, DF, 5 ago. 2013, ano 150, n. 149-A, p. 3. Disponível em: <http://www.planalto.gov.br/ccivil_03/_ato2011-2014/2013/lei/l12850.htm>. Acesso em: 15 abr. 2019.

_____. Presidência da República. Secretaria-Geral da Presidência. Secretaria Especial de Assuntos Estratégicos. **Custos econômicos da criminalidade no Brasil**. Brasília: Imprensa Nacional, 2018. Disponível em: <http://www.secretariageral.gov.br/estrutura/secretaria_de_assuntos_estrategicos/publicacoes-e-analise/relatorio-de-conjuntura/custos_economicos_criminalidade_brasil.pdf>. Acesso em: 22 jun. 2019.

_____. Secretaria Nacional de Segurança Pública. **Investigação criminal de homicídios**. Brasília: Ministério da Justiça; SENASP, 2014. Disponível em: <https://www.justica.gov.br/central-de-conteudo/seguranca-publica/livros/ctr_homicidios_final-com-isbn.pdf>. Acesso em: 24 jun. 2019.

_____. Supremo Tribunal Federal. **Medida Cautelar na Arguição de Descumprimento de Preceito Fundamental 347/DF**. Custodiado – Integridade física e moral – Sistema penitenciário – Arguição de Descumprimento de Preceito Fundamental – Adequação [...]. Relator: Min. Marco Aurélio, 9 set. 2015. Disponível em: <http://redir.STF.jus.br/paginadorpub/paginador.jsp?docTP=TP&docID=10300665>. Acesso em: 24 jun. 2019.

CAJAZEIRAS (Fortaleza). In: **WIKIPEDIA**: the free encyclopedia. San Francisco, CA: Wikimedia Foundation, 2019. Disponível em: <https://pt.wikipedia.org/wiki/Cajazeiras_(Fortaleza)>. Acesso em: 22 jun. 2019.

CARLOS JUNIOR. Ciclo PDCA: uma ferramenta imprescindível ao gerente de projetos! **Project Builder**, Rio de Janeiro, 30 maio 2017. Disponível em:

<https://www.projectbuilder.com.br/blog/ciclo-PDCA-uma-ferramenta-imprescindivel-ao-gerente-de-projetos/>. Acesso em: 22 jun. 2019.

CARNEIRO, Fernanda. A cada 1% a mais de jovens nas escolas, homicídios caem 2%. **Portal Ipea**, Rio de Janeiro, 12 maio 2016. Disponível em: <http://www.Ipea.gov.

br/portal/index.php?option=com_content&view=article&id=27724&catid=8&Itemid=6>. Acesso em: 22 jun. 2019.

CATÃO, Marconi do Ó; PEREIRA, Mariana Cavalcanti. Juventude e criminalidade sob a perspectiva da Escola de Chicago. **RFD**: Revista da Faculdade de Direito da UERJ, Rio de Janeiro, n. 28, p. 131-156, dez. 2015. Disponível em: <https://www.e-publicacoes.uerj.br/index.php/rfduerj/article/view/10401>. Acesso em: 22 jun. 2019.

CEARÁ. Governo do Estado. Trabalho das forças de segurança do Ceará resulta na redução de 53,6% nos CVLIs no primeiro semestre de 2019. **Portal do Governo**, Fortaleza, 2 jul. 2019. Disponível em: <https://www.ceara.gov.br/2019/07/02/ceara-registra-reducao-de-536-nos-CVLIs--no-primeiro-semestre-de-2019/>. Acesso em: 15 jul. 2019.

_____. Lei nº 16.584, de 3 de julho de 2018. Dispõe sobre a criação do Departamento de Homicídios e Proteção à Pessoa – DHPP. **Diário Oficial do Estado**, Fortaleza, CE, 4 jul. 2018, ano X, n.123, p.1. Disponível em: <http://imagens.seplag.ce.gov.br/PDF/20180704/do20180704p01.pdf#page=1>. Acesso em: 22 jun. 2019.

_____. Lei nº 16.824, de 13 de janeiro de 2019. Altera a Lei nº 16.116, de 13 de outubro de 2016. **Diário Oficial do Estado**: Série 3, Fortaleza, CE, 13 jan. 2019, ano XI, n. 9, p. 1. Disponível em: <http://imagens.seplag.ce.gov.br/PDF/20190113/do20190113p01.pdf#page=1>. Acesso em: 22 jun. 2019.

_____. Secretaria da Segurança Pública e Defesa Social. Portaria Normativa nº 399/2017 – GS. Dispõe sobre o novo fluxo de atribuições da DHPP – Divisão de Homicídios e Proteção à Pessoa e dá outras providências. **Diário Oficial do Estado**, Fortaleza, CE, 6 abr. 2017. ano IX, n. 67, p. 81. Disponível em: <http://imagens.seplag.ce.gov.br/PDF/20170406/do20170406p02.pdf#page=81>. Acesso em: 22 jun. 2019.

_____. Secretaria da Segurança Pública e Defesa Social. Portaria Normativa nº 1142/2019 – GS. Dispõe sobre o novo fluxo de investigações policiais referentes a crimes violentos letais intencionais – CVLI's ocorridos em Fortaleza/CE e dá outras providências. **Diário Oficial do Estado**, Fortaleza, CE, 9 jul. 2019, ano XI, n. 127, p. 143. Disponível em: http://imagens.seplag.ce.gov.br/PDF/20190709/do20190709p03.pdf#page=143. Acesso em: 15 jul. 2019.

CERQUEIRA, Daniel et al. **Atlas da violência 2018**. Rio de Janeiro: Instituto de Pesquisa Econômica Aplicada: Fórum Brasileiro de Segurança Pública, 2018. Disponível em: <http://www.forumseguranca.org.br/wp-content/uploads/2018/06/FBSP_Atlas_da_Violencia_2018_Relatorio.pdf>. Acesso em: 22 jun. 2019.

_____. **Atlas da violência 2019**. Rio de Janeiro: Instituto de Pesquisa Econômica Aplicada: Fórum Brasileiro de Segurança Pública, 2019. Disponível em: <http://www.Ipea.gov.br/portal/images/stories/PDFs/relatorio_institucional/190605_atlas_da_violencia_2019.pdf>. Acesso em: 22 jun. 2019.

CESARE Lombroso. In: **WIKIPEDIA**: the free encyclopedia. San Francisco, CA: Wikimedia Foundation, 2018. Disponível em: <https://pt.wikipedia.org/wiki/Cesare_Lombroso>. Acesso em: 22 jun. 2019.

CHACINA da Candelária. In: **WIKIPEDIA**: the free encyclopedia. San Francisco, CA: Wikimedia Foundation, 2019. Disponível em: <https://pt.wikipedia.org/wiki/Chacina_da_Candelária>. Acesso em: 22 jun. 2019.

CLEMENTINO, Cláudio Leite. Breves considerações sobre as organizações criminosas. **Revista Jus Navigandi**, Teresina, v. 23, n. 5496, p.19, jul. 2018. Disponível em: <https://jus.com.br/artigos/65909>. Acesso em: 22 jun. 2019.

CLIFFORD R. Shaw. In: **WIKIPEDIA**: the free encyclopedia. San Francisco, CA: Wikimedia Foundation, 2017. Disponível em: <https://pt.wikipedia.org/wiki/Clifford_R._Shaw>. Acesso em: 22 jun. 2019.

COSTA, André Santos. Tecnologia e Segurança Pública: O modelo do Ceará. **Revista Científica Segurança em Foco**. Fortaleza. Assembleia Legislativa do Estado do Ceará, INESP, 2019. Disponível em: https://www.al.ce.gov.br/index.php/relatorio-gestao-jose-albuquerque/category/90-inesp-revistas-e-periodicos?download=932:revista-cient%-C3%8Dfica-seguran%C3%87a-em-foco---sspds]. Acesso em: 03 dez. 2019.

COUTINHO, Jacinto Nelson de Miranda; CARVALHO, Edward Rocha de. Teoria das janelas quebradas: e se a pedra vem de dentro? **Empório do Direito**, São Paulo, v.6, n.3, p.11-17, mar. 2015. Disponível em: <https://emporiododireito.com.br/leitura/teoria-das-janelas-quebradas-e-se-a-pedra-vem-de-dentro>. Acesso em: 22 jun. 2019.

DESGUALDO, Marco Antonio. **Recognição visuográfica e a lógica na investigação criminal**. São Paulo: [s. n.], 2006. Disponível em: <http://tmp.mpce.mp.br/orgaos/CAOCRIM/pcriminal/files_4ca23424cfeaaLocal%20Crime.pdf>. Acesso em: 22 jun. 2019.

DIÁRIO DO NORDESTE. GDE: a facção que arregimenta adolescentes e adultos jovens. **Diário do Nordeste**, Fortaleza, 22 abr. 2017. Disponível em: <https://diariodonordeste.verdesmares.com.br/editorias/seguranca/GDE-a-faccao-que-arregimenta-adolescentes-e-adultos-jovens-1.1742013>. Acesso em: 22 jun. 2019.

_____. Imprensa internacional repercute Chacina das Cajazeiras. **Diário do Nordeste**, Fortaleza, 27 jan. 2018. Disponível em: <https://diariodonordeste.verdesmares.com.br/editorias/seguranca/on-line/imprensa-internacional-repercute-chacina-das-cajazeiras-1.1886319>. Acesso em: 22 jun. 2019.

DIAS, Jorge de Figueiredo. Autoría y participación en el dominio de la criminalidad organizada: el "dominio de la organización". In: FERRÉ OLIVÉ,

Juan Carlos; ANARTE BORRALLO, Enrique. **Delincuencia organizada**: aspectos penales, procesales y criminológicos. Huelva: Universidad de Huelva, 1999.

DOREA, Luiz Eduardo. **Local de crime**. 2. ed. Porto Alegre: Sagra-DC Luzzatto, 1995.

EDWIN Lemert. In: **WIKIPEDIA**: the free encyclopedia. San Francisco, CA: Wikimedia Foundation, 2018. Disponível em: <https://en.wikipedia.org/wiki/Edwin_Lemert>. Acesso em: 22 jun. 2019.

ERNEST Burgess. In: **WIKIPEDIA**: the free encyclopedia. San Francisco, CA: Wikimedia Foundation, 2019. Disponível em: <https://en.wikipedia.org/wiki/Ernest_Burgess>. Acesso em: 22 jun. 2019.

FORTALEZA. Secretaria Municipal de Trabalho, Desenvolvimento Social e Combate à Fome et al. **Manual de medidas socioeducativas de Fortaleza**. Fortaleza: SETRA: MP-CE, 2016. Disponível em: <http://www.mpce.mp.br/wp-content/uploads/2016/06/2016.-Manual_medidas_scoioeducativas_Fortaleza.pdf>. Acesso em: 22 jun. 2019.

FOUCAULT, Michel. **Vigiar e punir**: nascimento da prisão. 42. ed. Petrópolis: Vozes, 2018.

FRANCO, Alberto Silva. **Crimes hediondos**. 3. ed. São Paulo: Revista dos Tribunais, 1994.

FREITAS, Cinthia. Familiares de vítimas da chacina em Cajazeiras falam de dor e dificuldades, uma semana após as mortes. **G1 CE**, Fortaleza, 3 fev. 2018. Disponível em: <https://g1.globo.com/ce/ceara/noticia/familiares-de-vitimas-da-chacina-em-cajazeiras-falam-de-dor-e-dificuldades-uma-semana-apos-as-mortes.ghtml>. Acesso em: 22 jun. 2019.

FREITAS, Wagner Cinelli de Paula. **Espaço urbano e criminalidade**: lições da Escola de Chicago. São Paulo: IBCCrim, 2002.

FURQUIM, Saulo Ramos. A Escola de Chicago e o pensamento criminológico como um fenômeno social: os contributos dos ideais de bem-estar social nas políticas criminais. **Revista Liberdades**, São Paulo, v.3, n. 25, p. 22-33, jan./jun. 2018. Disponível em: <https://www.ibccrim.org.br/docs/2018/liberdades_25.pdf>. Acesso em: 22 jun. 2019.

FURQUIM, Saulo. Escola de Chicago: contributos do pensamento do crime como um fenômeno social. **SlidesShare**, v.4, n.8, 19 jan. 2017. Disponível em: https://www.slideshare.net/SauloRamosFurquim/a-escola-de-chicago-e-suas-teorias-sociolgicas-do-crime. Acesso em: 24 jun. 2019.

G1 CE. Ceará é o estado que mais reduziu o número de homicídios no 1º bimestre de 2019. **G1 CE**, Fortaleza, 18 abr. 2019. Disponível em: <https://g1.globo.com/ce/ceara/noticia/2019/04/18/ceara-e-o-estado-que-mais-reduziu-o-numero-de-homicidios-no-1o-bimestre-de-2019.ghtml>. Acesso em: 24 jun. 2019.

GAKIYA, Lincoln. "Os ataques de 2006 não se repetirão", diz especialista. **Época**, 9 maio 2016. Disponível em: <https://epoca.globo.com/tempo/noticia/2016/05/o-PCC-nao-repetira-ataques-como-os-de-2006-diz-especialista.html>. Acesso em: 22 jun. 2019.

GHIRALDI, Janaina. Teoria do domínio do fato e sua aplicação no julgamento da ação penal 470 pelo Supremo Tribunal Federal. **JusBrasil**, v.13, n.8, p.11-18, fev. 2016. Disponível em: <https://jus.com.br/artigos/46502/teoria-do-dominio-do-fato-e-sua-aplicacao-no-julgamento-da-acao-penal-470-pelo-supremo-tribunal-federal>. Acesso em: 22 jun. 2019.

GOMES, Abel Fernandes. **Crime organizado e suas conexões com o poder público**. In: GOMES, Abel Fernandes; PRADO, Geraldo; DOUGLAS, William. Crime organizado e suas conexões com o poder público: comentários à Lei 9.034/95: considerações críticas. Niterói: Impetus, 2000.

GRECO, Rogério. **Curso de direito penal**. 6. ed. Niterói: Impetus, 2006.

GUARDIÕES do Estado. In: **WIKIPEDIA**: the free encyclopedia. San Francisco, CA: Wikimedia Foundation, 2019. Disponível em: <https://pt.wikipedia.org/wiki/Guardiões_do_Estado>. Acesso em: 22 jun. 2019.

HENRY D. McKay. In: **WIKIPEDIA**: the free encyclopedia. San Francisco, CA: Wikimedia Foundation, 2017. Disponível em: <https://de.wikipedia.org/wiki/Henry_D._McKay>. Acesso em: 22 jun. 2019.

HEPT METRO de Quintiliano. In: **WIKIPEDIA**: the free encyclopedia. San Francisco, CA: Wikimedia Foundation, 2019. Disponível em: <https://pt.wikipedia.org/

wiki/Heptâmetro_de_Quintiliano>. Acesso em: 22 jun. 2019.

INTERACIONISMO simbólico. In: **WIKIPEDIA**: the free encyclopedia. San Francisco, CA: Wikimedia Foundation, 2019. Disponível em: <https://pt.wikipedia.org/wiki/Interacionismo_simbólico>. Acesso em: 22 jun. 2019.

MAIA, Daniel. **O direito do povo**. Fortaleza: DIN.CE, 2018.

MARMELSTEIN, George. O Estado de Coisas Inconstitucional – ECI: apenas uma nova onda do verão constitucional?. **Direitos Fundamentais.net**, v.2, n.8, p.11-17, out. 2015. Disponível em: <https://direitosfundamentais.net/2015/10/02/o-estado-de-coisas-inconstitucional-eci-apenas-uma-nova-onda-do-verao-constitucional>. Acesso em: 22 jun. 2019.

MARQUES, Fabio. O que se entende por Estado de Coisas Inconstitucional? **JusBrasil**, v.3, n.13, p.2-21 jan. 2016. Disponível em: <https://fabiomarques2006.jusbrasil.com.br/artigos/296134766/o-que-se-entende-por--estado-de-coisas-inconstitucional>. Acesso em: 22 jun. 2019.

MARQUES, Nany Papaspyrou. Do garantismo integral ao garantismo à brasileira: Ensaios sobre o modo garantista hiperbólico monocular e seus reflexos no Estado Democrático de Direito. **Migalhas**, v.26, n.12, abr. 2018. Disponível em: <https://www.migalhas.com.br/arquivos/2018/4/art20180424-03.pdf>. Acesso em: 22 jun. 2019.

MARUN, Carlos. Marun descarta ação federal na segurança do Ceará. Entrevista cedida a Fernando Nakagawa, Tânia Monteiro e Idiana Tomazelli. **O Estado de S.Paulo**, São Paulo, 29 jan. 2018. Disponível em: <https://brasil. estadao.com.br/noticias/geral,marun-descarta-acao-federal-na-seguranca-do-ceara,70002169827>. Acesso em: 22 jun. 2019.

MELO, Emanoela Campelo de. 31% dos capturados pelos ataques são adolescentes. **Diário do Nordeste**, Fortaleza, 1 fev. 2019. Disponível em: <https://diariodonordeste.verdesmares.com.br/editorias/seguranca/ 31-dos-capturados-pelos-ataques-sao-adolescentes-1.2057794>. Acesso em: 22 jun. 2019.

_____. Chacina das Cajazeiras: Lembranças acompanham familiares das vítimas. **Diário do Nordeste**, Fortaleza, 25 jan. 2019b. Disponível em: <https://diariodonordeste.verdesmares.com.br/editorias/seguranca/ chacina-das-cajazeiras-lembrancas-acompanham-familiares-das-vitimas-1.2054609>. Acesso em: 22 jun. 2019.

MENDRONI, Marcelo Batlouni. **Crime organizado**: aspectos gerais e mecanismos legais. 5. ed. São Paulo: Atlas, 2015.

MIRABETE, Júlio F. **Manual de direito penal:** parte geral. 23. ed. São Paulo: Revista dos Tribunais, 2003.

NEW YORK City Police Department. In: **WIKIPEDIA**: the free encyclopedia. San Francisco, CA: Wikimedia Foundation, 2019. Disponível em: <https:// pt.wikipedia.org/wiki/New_York_City_Police_Department>. Acesso em: 22 jun. 2019.

NUCCI, Guilherme de Souza. **Organização criminosa.** 2. ed. Rio de Janeiro: Forense, 2015.

O POVO. Chacina das Cajazeiras: Anistia Internacional reúne assinaturas e pressiona Estado. **O Povo**, Fortaleza, 2 fev. 2018. Disponível em: <https:// www.opovo.com.br/noticias/brasil/2018/02/chacina-das-cajazeiras-anistia-internacional-reune-assinaturas-e-pres.html>. Acesso em: 22 jun. 2019.

_____. Chacina em Fortaleza repercute na imprensa internacional. **O Povo**, Fortaleza, 27 jan. 2018. Disponível em: <https://www.opovo.com. br/noticias/fortaleza/2018/01/imprensa-internacional-repercute-chacina-em-fortaleza.html>. Acesso em: 22 jun. 2019.

_____. Conheça os perfis das facções que atuam no Ceará. **O Povo**, Fortaleza, 23 mar. 2018. Disponível em: <https://www.opovo.com.br/ noticias/fortaleza/2018/03/conheca-os-perfis-das-faccoes-que-atuam-no-ceara.html>. Acesso em: 22 jun. 2019.

_____. Último preso pela Chacina das Cajazeiras pode ser condenado a mais de 300 anos de prisão. **O Povo**, Fortaleza, 12 jul. 2018. Disponível em: <https://www.opovo.com.br/noticias/fortaleza/2018/07/preso-nesta-quarta-acusado-de-ordenar-chacina-das-cajazeiras-deve-ser.html>. Acesso em: 22 jun. 2019.

ORGANIZAÇÃO DAS NAÇÕES UNIDAS. **Convenção para a Prevenção e Repressão do Crime de Genocídio**. Nova Iorque: ONU, 1948. Disponível em: <https://www.oas.org/dil/port/1948%20Convenção%20sobre%20 a%20Prevenção%20e%20Punição%20do%20Crime%20de%20Genocídio. pdf>. Acesso em: 24 jun. 2019.

PHILIP Zimbardo. In: **WIKIPEDIA**: the free encyclopedia. San Francisco, CA: Wikimedia Foundation, 2018. Disponível em: <https://pt.wikipedia. org/wiki/Philip_Zimbardo>. Acesso em: 22 jun. 2019.

PIERANGELI, José Henrique. **Escritos jurídicos-penais**. 2. ed. São Paulo: Revista dos Tribunais, 1999.

PRADO, Luiz Regis. **Curso de direito penal brasileiro**: parte geral. São Paulo: Revista dos Tribunais, 1999.

RIBEIRO, Dillyane. 31% dos capturados pelos ataques são adolescentes. [Entrevista cedida à] Emanoela Campelo de Melo. **Diário do Nordeste**, Fortaleza, 1.fev. 2019. Disponível em: <https://diariodonordeste.verdesmares. com.br/editorias/seguranca/31-dos-capturados-pelos-ataques-sao-a-dolescentes-1.2057794>. Acesso em: 22 jun. 2019.

ROBIN Hood. In: **WIKIPEDIA**: the free encyclopedia. San Francisco, CA: Wikimedia Foundation, 2019. Disponível em: <https://pt.wikipedia.org/ wiki/Robin_Hood>. Acesso em: 22 jun. 2019.

ROXIN, Claus. O domínio por organização como forma independente de autoria mediata. **Panóptica**, v. 4, n. 3, p. 69-94, 2009. Disponível em: <http:// www.panoptica.org/seer/index.php/op/article/view/Op_4.3_2009_69-94>. Acesso em: 24 jun. 2019.

RUDOLPH Giuliani. In: **WIKIPEDIA**: the free encyclopedia. San Francisco, CA: Wikimedia Foundation, 2019. Disponível em: <https://pt.wikipedia.org/ wiki/Rudolph_Giuliani>. Acesso em: 22 jun. 2019.

SAPERE aude. In: **WIKIPEDIA**: the free encyclopedia. San Francisco, CA: Wikimedia Foundation, 2019. Disponível em: <https://pt.wikipedia.org/ wiki/Sapere_aude>. Acesso em: 22 jun. 2019.

SAVIATO, Douglas. Governo do Estado participa em Brasília de ato que cria o sistema de segurança nacional. **Portal do Governo de Santa Catarina**, Florianópolis, 11 jun. 2018. Disponível em: <https://www.sc.gov.br/index. php/noticias/temas/seguranca-publica/governo-do-estado-participa--em-brasilia-de-ato-que-cria-o-sistema-de-seguranca-nacional>. Acesso em: 24 jun. 2019.

SHECAIRA, Sérgio Salomão. **Criminologia**. 5. ed. São Paulo: Revista dos Tribunais, 2013.

SILVA, Joyce Keli do Nascimento. A ampliação do conceito de autoria por meio da teoria do domínio por organização. **Revista Liberdades**, São Paulo, n. 17, p. 69-84, set./out. 2014. Disponível em: <https://www.ibccrim.org. br/docs/liberdades17_integra.pdf>. Acesso em: 22 jun. 2019.

TANGERINO, Davi de Paiva Costa. **Crime e cidade**: violência urbana e a Escola de Chicago. Rio de Janeiro: Lumen Juris, 2007.

TEORIA de Locard. In: **WIKIPEDIA**: the free encyclopedia. San Francisco, CA: Wikimedia Foundation, 2019. Disponível em: <https://pt.wikipedia.org/wiki/Teoria_de_Locard>. Acesso em: 22 jun. 2019.

TOLER NCIA zero. In: **WIKIPEDIA**: the free encyclopedia. San Francisco, CA: Wikimedia Foundation, 2018. Disponível em: <https://pt.wikipedia.org/wiki/Tolerância_zero>. Acesso em: 22 jun. 2019.

TÚLIO, Demitri; RIBEIRO, Cláudio. Inimigos ainda desconhecidos. **O Povo**, Fortaleza, 21 abr. 2017. Disponível em: <https://www.opovo.com.br/jornal/cotidiano/2017/04/inimigos-ainda-desconhecidos.html>. Acesso em: 22 jun. 2019.

TV JANGADEIRO. 6 bairros concentram 17% dos homicídios em Fortaleza. **Tribuna do Ceará**, Fortaleza, 1. fev. 2019. Disponível em: <http://tribunadoceara.uol.com.br/videos/jornal-jangadeiro/6-bairros-concentram--17-dos-homicidios-em-fortaleza>. Acesso em: 22 jun. 2019.

_____. Filha de vítima da Chacina das Cajazeiras pede ajuda para criar oito crianças. **Tribuna do Ceará**, Fortaleza, 12 abr. 2019. Disponível em: <https://tribunadoceara.uol.com.br/noticias/segurancapublica/filha-de-vitima-da-chacina-das-cajazeiras-pede-ajuda-para-criar-oito--criancas/>. Acesso em: 22 jun. 2019.

_____. Mandante da Chacina das Cajazeiras já era suspeito de "comprar" liberdade por R$ 150 mil. **Tribuna do Ceará**, Fortaleza, 21 fev. 2018. Disponível em: <https://tribunadoceara.uol.com.br/videos/jornal-jangadeiro/mandante-da-chacina-das-cajazeiras-ja-era-suspeito-de-comprar-liberdade--por-r-150-mil/>. Acesso em: 22 jun. 2019.

VIEIRA, Mariacelia. Tecnologia não é tudo. **Prova Material**, Salvador, ano. 2, n. 6, p. 6, dez. 2005. Disponível em: <http://www.dpt.ba.gov.br/arquivos/File/provamaterial6.pdf>. Acesso em: 24 jun. 2019.

WACQUANT, Loïc. **As prisões da miséria**. Rio de Janeiro: Jorge Zahar, 2001.

WACQUANT, Loïc. Dissecando a "tolerância zero". **Le Monde Diplomatique Brasil**, 1. jun. 2002. Disponível em: <https://diplomatique.org.br/dissecando-a-tolerancia-zero/>. Acesso em: 22 jun. 2019.

WELZEL, Hans. **Derecho penal alemán**: parte general. Buenos Aires: Roque Depalma, 1956.

WILLIAM Bratton. In: **WIKIPEDIA**: the free encyclopedia. San Francisco, CA: Wikimedia Foundation, 2019. Disponível em: <https://en.wikipedia.org/wiki/William_Bratton>. Acesso em: 22 jun. 2019.

ZAFFARONI, Eugenio Raul; PIERANGELI, José Henrique. **Manual de direito penal brasileiro**: parte geral. 2. ed. São Paulo: Revista dos Tribunais, 1999.

IMAGENS

Imagem 1, página 114 - https://www.filipecolombo.com.br/artigo/a-teoria-da-janela-quebrada-686

Imagem 2, página 114 - http://bemcool.blogspot.com/2013/07/nova-york-durante-decada-de-70-18.html

Página 116 - https://www.ibtimes.com/why-bill-bratton-leaving--nypd-controversial-police-commissioner-step-down-reports-2396964

Página 118 - https://co.pinterest.com/pin/80220437085799387/visual-search/?autologin=true&x=16&y=9&w=530&h=285

Página 124 - https://wallhere.com/pt/wallpaper/881681

Página 125 - https://totravelistolive.co/wp-content/uploads/2017/01/wayne-miller-chicagos-south-side-06.jpg

Imagem 1, página 126 - https://www.amazon.com/Sign-Chicago-Trains-Mostly-Struff/dp/B07446JGWH

Imagem 2, página 126 - https://www.colegioweb.com.br/historia/voce-conhece-escola-de-chicago.html

Figura 18 - Teoria das zonas concêntricas, página 130 - https://pt.slideshare.net/SauloRamosFurquim/a-escola-de-chicago-e-suas-teorias-sociolgicas-do-crime

Chicago - zona II, página 130 - https://pt.slideshare.net/SauloRamosFurquim/a-escola-de-chicago-e-suas-teorias-sociolgicas-do-crime

Chicago - zona V, página 130 - https://pt.slideshare.net/SauloRamosFurquim/a-escola-de-chicago-e-suas-teorias-sociolgicas-do-crime

Este livro foi impresso em papel pólen soft 80g/m², capa
em papel tríplex imune 350g/m² com acabamento em
verniz UV localizado.
Produzido no mês de Janeiro de 2020, na Gráfica Santa
Marta LTDA, Distrito Industrial, João Pessoa, Brasil.